Rudolf Geser

DIE SCHÖNSTEN ALPENPÄSSE

50 Motorradtouren

D1985420

J. BERG

INHALT

Oben: Das Timmelsjoch ist eine landschaftlich reizvolle und fahrerisch anspruchsvolle Alternative von Österreich nach Südtirol zum Brennerpass.
Rechts: Blick über Heiligenblut auf den Großglockner
Rechte Seite: Auf der Nordseite des Campolungo-Passes bei der Abfahrt nach Corvara am Fuße des Saß Songher.

VORWORT

Wohl jeder Motorradfahrer kennt die Faszination, die von der Befahrung der Pass- und Bergstraßen der Alpen ausgeht. Aber kennt auch jeder Motorradfahrer die schönsten und lohnendsten Ziele?

Das Oberjoch im Allgäu etwa, mit seinen 107 Kurven von Hindelang hinauf zum Scheitelpunkt Deutschlands kurvenreichste Passstraße, oder der Riedbergpass, die Verbindung vom Allgäu nach Vorarlberg, mit 1420 m über dem Meeresspiegel im Verhältnis zu den fast Dreitausendern in den französischen Hochalpen eher unbedeutend, aber immerhin Deutschlands höchster Alpenpass.

Im Engadin, dem Tal des Inns, finden sich immer wieder solch reizvolle Einkehrmöglichkeiten.

Oder die Zillertaler Höhenstraße, diese Panoramastraße hoch über dem wohl bekanntesten Tal Österreichs, die mit ihrem schmalen, kurvenreichen Verlauf zwar einiges an Fahrkönnen erfordert, dafür aber wenig Verkehr und eine weitreichende Aussicht auf die Zillertaler Alpen zu bieten hat. Die Gosauseen-Bergstraße im Salzkammergut mit traumhaften Ausblicken über den Vorderen Gosausee auf die Gletscher des Hohen Dachstein oder die Nockalm-Höhenstraße in Kärnten, die alle Anforderungen, die man sich als Motorradfahrer an landschaftlichen Eindrücken und Fahrspaß nur wünschen kann, erfüllt und trotzdem außerhalb Kärntens noch als echter Geheimtipp angesehen werden kann.

In diesem Führer werden sie in anschaulichen Erlebnisberichten genauso beschrieben wie eine ganze Reihe weiterer Pass- und Bergstraßen, die das Herz jedes Motorradfahrers höher schlagen lassen. Oder wer möchte bei Namen wie Großglockner-Hochalpenstraße, Stilfser Joch, Grödner-, Sella- und Pordoijoch in den Dolomiten, Furka-, Grimsel- und Sustenpass in der Zentralschweiz oder Galibier-, Iseran- und Restefond- und Bonettepass in den französischen Hochalpen nicht am liebsten sofort seine Maschine starten und sich auf den Weg dorthin machen?

Die Reihenfolge der beschriebenen Pässe wurde dabei so angeordnet, dass die Befahrung mehrerer Pässe und längere Unternehmungen möglich sind.

So unterschiedlich die 50 beschriebenen Pass- und Bergstraßen von ihrer landschaftlichen Lage und dem Streckencharakter auch sein mögen, allen ist gemeinsam, dass sie zu den schönsten und lohnendsten Zielen, die der Alpenraum zu bieten hat, gehören. Und bei der Befahrung darf ich Ihnen noch viel Spaß und vor allem einen unfallfreien Verlauf wünschen.

Rudolf Geser

Rechte Seite: Wer sich zwischen Sellajoch und Pordoijoch nicht entscheiden kann, sollte einfach beide Pässe fahren.

23 ORTISEI
ARABBA 17
CORTINA 53
SELVA GARDENA 17
passo Sella
passo Gardena
Pordoi 7
Daytona
GRIESSER
alpinestars

TIPPS FÜR UNTERWEGS

Einreise-, Verkehrsbestimmungen, Pannenhilfsdienste in den Alpenländern

Grundsätzlich gilt: Führerschein, Fahrzeugschein und Grüne Versicherungskarte mitführen.

Österreich

Verkehrsbestimmungen

Die Höhstgeschwindigkeit für Pkw und Motorräder beträgt außerhalb von Ortschaften 100 km/h, auf Autobahnen 130 km/h. Von 22.00 bis 5.00 Uhr auf allen Autobahnen außer der A1 Salzburg – Wien jedoch 110 km/h. Im Bereich von 80 m vor und nach Bahnübergängen darf nicht überholt werden. Vorfahrtsberechtigte verlieren durch Anhalten die Vorfahrt. Motorrad- und Mopedfahrer müssen einen Verbandskasten mitführen. Für die Benutzung der Autobahnen ist eine Vignette erforderlich.

Pannenhilfsdienst

Der Straßenhilfsdienst des ÖAMTC kann rund um die Uhr unter der Rufnummer 120 erreicht werden. Polizeinotruf: 133; Unfallrettung: 144 oder 112, über Mobilfunk: 112.

Italien

Verkehrsbestimmungen

Die Höchstgeschwindigkeit für Pkw und Motorräder beträgt außerhalb von Ortschaften 90 km/h, auf Schnellstraßen mit getrennten Fahrbahnen und zwei Fahrstreifen in jeder Richtung 110 km/h; auf Autobahnen 130 km/h. Motorräder bis 149 ccm sind auf Autobahnen verboten. In schlecht beleuchteten Tunnels und Galerien ist das Abblend-

Auf der Nordseite des Restefond-/Bonettepasses, der höchsten Passstraße der Alpen

Bauernhof im Passeiertal auf der Südseite der Timmelsjoch Hochalpenstraße

licht einzuschalten. Fahrmanöver wie Fahrspurwechsel oder Anhalten muss durch Blinken angezeigt werden.
Bei Parkverstößen und Geschwindigkeitsüberschreitungen werden erheblich höhere Bußgelder als in Deutschland verhängt.

Pannenhilfsdienst

Der Straßenhilfsdienst des ACI kann rund um die Uhr unter der Rufnummer 116 (Handy 800116800) erreicht werden. Polizeinotruf und Unfallrettung: 113 oder 112.

Schweiz

Verkehrsbestimmungen

Die Höchstgeschwindigkeit für Pkw und Motorräder beträgt außerhalb von Ortschaften 80 km/h, auf Schnellstraßen und in Tunnels mit zwei Fahrspuren in beiden Richtungen 100 km/h, mit einer Fahrspur 80 km/h; auf Autobahnen 120 km/h.
In Tunnels muss Abblendlicht eingeschaltet werden. Auf Bergstraßen hält das aufwärtsfahrende Fahrzeug zuerst.
Bei schweren Verkehrsverstößen sehr hohe Bußgelder.

Pannenhilfsdienst

Der Straßenhilfsdienst des TCS kann rund um die Uhr unter der Rufnummer 140 erreicht werden. Polizeinotruf 112 oder 117; Unfallrettung 144.

Autobahnbenutzung

Autobahnen und autobahnähnliche Straßen mit weißgrüner Beschilderung sind gebührenpflichtig. Die Vignetten sind an der Grenze erhältlich und kosten derzeit 40 sfr (= ca. 27 €).

Frankreich

Verkehrsbestimmungen

Die Höchstgeschwindigkeit für Pkw und Motorräder beträgt außerhalb von Ortschaften 90 km/h, bei Nässe 80 km/h; auf Straßen mit 2 Fahrstreifen in jeder Richtung 110 km/h, bei Nässe 100 km/h; auf Autobahnen 130 km/h, bei Nässe 110 km/h.
Wer seinen Führerschein noch keine 2 Jahre besitzt, darf außerhalb von Ortschaften höchstens 80 km/h, auf Autobahnen 110 km/h fahren. Bei Verkehrsverstößen, insbesondere Geschwindigkeitsüberschreitun-

TIPPS FÜR UNTERWEGS

gen werden in der Regel höhere Bußgelder als in Deutschland verhängt.

Pannenhilfsdienst

Der Straßenhilfsdienst »AIT-Assistance« (auch deutschsprachig) kann rund um die Uhr unter der Rufnummer 0 80 08 92 22 erreicht werden. Allgemeine Notrufnummern: Polizeinotruf 17 oder 112; Unfallrettung: 15 oder 112.

Hinweise zu Planung, Bekleidung, Gepäck, Fahrverhalten

Planung

Mitglieder können sich vor Beginn der Tour beim ADAC über die Befahrbarkeit der gewählten Passstraßen erkundigen. Aus witterungsbedingten Gründen oder wegen straßenbaulich notwendiger Maßnahmen ist auch während des offiziellen Öffnungszeitraums mti kurzfristigen Streckensperrungen zu rechnen. Auch kann sich der Öffnungszeitraum von Passstraßen aus den genannten Gründen verschieben. Eine aktuelle Auskunft erhalten Sie unter der Rufnummer 0180/ 5 10 11 12.

Planen Sie Ihre Tagesetappen nicht zu lange. Im Gebirge und gerade auf kurvenreichen Straßen sollte die Anzahl der Tageskilomter nicht über 300 hinausgehen. Legen Sie öfters eine kurze Rast ein, um Kondition und Konzentration zu schonen. Tanken Sie rechtzeitig und lieber einmal etwas früher als nötig. Auf Passstraßen liegen Tankstellen manchmal recht weit auseinander, zudem ist immer damit zu rechnen, dass diese geschlossen sind. Nicht zuletzt ist der Benzinverbrauch auf Passstraßen höher als auf geraden Strecken.

Die Nordseite der St.-Gotthard-Passstraße ist gut ausgebaut, verläuft aber lange durch Galerien.

Bekleidung

Im Gebirge nimmt die Temperatur je 100 Höhenmeter um durchschnittlich ein Grad Celsius ab. Auf der Passhöhe ist es deshalb meist erheblich kühler als im Tal. Auch können sich die Wetterverhältnisse im Gebirge sehr schnell ändern. Kälte, Nebel, Regen oder sogar Schneefall im Hochsommer sind jederzeit möglich. Lederkombi oder Fahreranzug mit funktioneller Unterbekleidung sollten genauso selbstverständlich sein wie Nierengurt, Halstuch und Sturmhaube. Fahren Sie nie mit Turnschuhen und ohne Handschuhe. Kalte, durchnässte Füße oder klamme, durchfrorene Finger sind das Letzte, was man auf Passstraßen brauchen kann. Vergessen Sie auch nie die Regenkombi und ziehen Sie diese rechtzeitig über.

Fahrverhalten

Fahren Sie auf Passstraßen noch defensiver und vorsichtiger als sonst. Fahren Sie an unübersichtlichen Stellen immer so, dass Sie auf Sichtweite anhalten können. Auf Pässen ist

Am Klausenpass, einer der schönsten Passstraßen der Alpen

hinter jeder Kurve mit Hindernissen auf der Fahrbahn wie Schlaglöcher, kleinen Steinen, Felsbrocken oder Weidevieh zu rechnen. Höchste Vorsicht auch bei Weiderosten, die oft tückisch glatt sind. Hier nicht bremsen, beschleunigen oder in großer Schräglage fahren.

Äußerste Vorsicht gilt auch bei Tunnels und Galerien, die oft unbeleuchtet sind. In den Tunnels können Schlaglöcher oder Nässe und besonders im Frühjahr auch Schnee- und Eisreste für eine erhöhte Gefährdung sorgen. Bitte vergessen Sie auch nicht, dass sich das Auge bei Ein- und Ausfahrten in bzw. aus Tunnels erst an die veränderten Lichtverhältnisse gewöhnen muss und fahren Sie hier entsprechend langsam.

Ausländische Verkehrszeichen

Italien

Deviazione	= Umleitung
Tenere la destra	= rechts fahren
Rallentare	= langsam fahren
Senso unico	= Einbahnstraße
Sbarrato	= gesperrt
Curva pericolosa	= Gefährliche Kurve
Strada stretta	= unbefestigte Straße
Caduta Massi	= Steinschlag

Frankreich

Rappel	= Erinnerung (meist an Tempolimits)
Ralentir	= langsam fahren
Deviation	= Umleitung
Passage interdit	= gesperrt

Der Karerpass ist auch mit schweren Maschinen gut zu befahren.

Alpenpässe in Deutschland

RIEDBERG-PASSSTRASSE

RIEDBERG-PASSSTRASSE

HÖCHSTER PUNKT
1420 m

AUSGANGSPUNKT
Ostseite: Fischen im Allgäu, 761 m
Westseite: Alberschwende, 712 m

ANFAHRT
Ostseite: Kempten – Waltenhofen – Immenstadt – Sonthofen – Fischen im Allgäu
Westseite: Bodensee-Autobahn, Ausfahrt Dornbirn Nord oder Süd – Alberschwende

STRECKENLÄNGE
36 km

STRASSENVERHÄLTNISSE
Gut ausgebaute Straße. Max. Steigung Ostseite 16%, Westseite 16%

STRECKENVERLAUF
Fischen – Obermaiselstein –Riedbergpass – Au/Wäldle – Balderschwang – Gschwend – Hittisau – Lingenau – Alberschwende

PASSÖFFNUNGSZEITEN
Ganzjährig befahrbar

ANSCHLUSSTOUR
Von Fischen zur Oberjoch-Passstraße (Tour 2)

SERVICESTELLEN
Siehe Tour 2

Der BMW-Fahrer, mit dem ich in einem Café in Sonthofen ins Gespräch kam, wollte es mir einfach nicht glauben, dass der Riedbergpass die höchste Passstraße Deutschlands sei. Die Rossfeld-Höhenringstraße sei doch viel höher, beharrte er, und holte zum Beweis eine Karte aus dem Tankrucksack. Die Höhenangaben darin mit 1540 m beim Roßfeld und mit 1420 m beim Riedbergpass schienen ihm recht zu geben, dann aber spielte ich meine Trumpfkarte aus:

Die Roßfeld-Höhenringstraße ist keine Passstraße, sie verbindet nämlich nicht zwei Täler über die Einsattelung eines Berges, sondern ist eine reine Panoramastraße, die wieder zum gleichen Ausgangspunkt zurück führt. Der Riedbergpass dagegen ist eine echte Passstraße und damit auch die höchste Passstraße Deutschlands.

Die Lage der Ortschaft Fischen im Allgäu als traumhaft zu bezeichnen ist insbesondere dann nicht vermessen, wenn im Frühjahr die schneebedeckten Bergspitzen des Allgäuer Hauptkamms einen schönen Kontrast zum satten Grün der Wiesen im Illertal bilden. Der Beschilderung »Balderschwang/Riedbergpass« folgend querte ich den breiten Talboden nach Obermaiselstein und fuhr durch einen 50 m langen, schwach beleuchteten Tunnel in das Tal der Schönberger Ache ein. Mit Steigungen bis 16% ging es rasch aufwärts und bald zeigte ein Schild mit der Aufschrift »Riedbergpass 1420 m« die Passhöhe an.

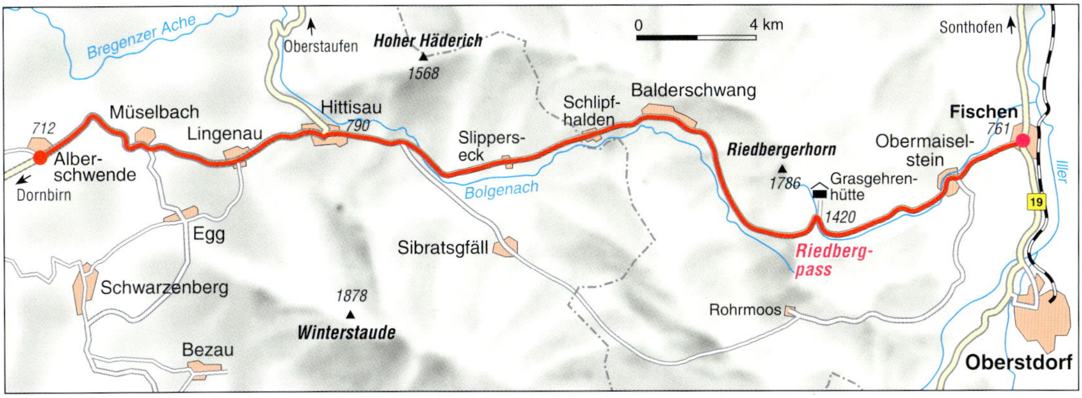

Die Aussicht hier unterhalb des Riedberger Horns zeigte sich durch hochstämmige Bäume leider stark eingeschränkt, aber zumindest der zerklüftete Kamm des Besler südlich der Passhöhe vermittelte etwas von Hochgebirgsstimmung. Fast harmonisch dann die Landschaft mit den hellen Wiesen und dunklen Wäldern an den Berghängen der Talumrahmung hinunter ins Balderschwanger Tal, die sich auch nach dem Grenzübertritt nach Österreich fortsetzt.

In Hittisau, dem Endpunkt der Passstrecke, scheint die Welt inmitten grüner Wiesen, die von einem Kranz sanfter, teils bewaldeter Bergrücken umgeben sind, noch in Ordnung zu sein – was mir aber erst so richtig bewusst wird, als mich in Dornbirn wieder der starke Verkehr im Gebiet des Bodensees aufsog.

Vorhergehende Doppelseite: Der Riedbergpass ist Deutschlands höchste Passstraße.

Die Landschaft des Allgäus lädt nicht nur zum Motorradfahren ein.

2 Alpenpässe in Deutschland
OBERJOCH-PASSSTRASSE

OBERJOCH-PASSSTRASSE

HÖCHSTER PUNKT
1150 m

AUSGANGSPUNKT
Nordseite: Wertach, 915 m
Südseite: Hindelang, 820 m

ANFAHRT
Nordseite: Autobahn Ulm – Nesselwang, Ausfahrt Oy/Mittelberg – Wertach
Südseite: Kempten – Waltenhofen – Sonthofen – Hindelang

STRECKENLÄNGE
23 km

STRASSENVERHÄLTNISSE
Gut ausgebaute Straße; Südseite äußerst kurvenreich. Max. Steigung Nordseite 8%, Südseite 9%

STRECKENVERLAUF
Wertach – Hotel Pfeffermühle – Untergschwend – Unterjoch – Obergschwend – Oberjoch – Gasthof »Letzter Heller« – Hindelang

PASSÖFFNUNGSZEITEN
Ganzjährig befahrbar

ANSCHLUSSTOUR
Von der Oberjoch-Passhöhe durch das Tannheimer Tal nach Weißenbach und durch das Lechtal nach Elmen zur Hahntennjoch-Straße (Tour 6)

SERVICESTELLEN
Yamaha: Kempten; Kawasaki: Blaichach; Honda, Suzuki: Sonthofen

Das Oberjoch im Allgäu gehört bestimmt nicht zu den bekanntesten oder wichtigsten Passstraßen in den Alpen, aber es hat ein ganz besonderes Attribut vorzuweisen, es gilt nämlich als Deutschlands kurvenreichste Passstraße. Die meisten Motorradkollegen waren von der Strecke ebenfalls angetan und so lasse auch ich mir eine Testfahrt nicht entgehen.

Dass das Allgäu verkehrstechnisch aus dem oberbayerischen Raum gar nicht so einfach zu erreichen ist, erfahre ich bei der sich recht mühsam und langwierig gestaltenden Anfahrt über Landsberg, Kempten, Immenstadt und Sonthofen nach Hindelang, die von der Autobahn bis hin zu verwinkelten Landstraßen so ziemlich alles bot, außer einem zügigen Vorwärtskommen. Einigermaßen geschlaucht komme ich dann doch noch in Hindelang an und beschließe zuerst einmal im Gasthof »Letzter Heller«, am Beginn der Passstrecke, eine Rast einzulegen.

Während ich auf das Essen warte, fällt mir beim Blick durch das Fenster auf, dass die Strecke offensichtlich bei Ducati-Fahrern sehr beliebt zu sein scheint. Selten habe ich so viele dieser feuerroten Flitzer aus Bologna in so kurzem Zeitraum gesehen, bis ich merke, dass es sich jedesmal um diesel-

be Maschine handelt, dessen Fahrer im Ort immer wieder wendet, um die Strecke nochmals zu befahren.

106 Kurven sollen es auf den folgenden neun Kilometern hinauf zur Passhöhe sein und ich muss diese Zahl einfach so stehen lassen. Zu zählen sind sie nämlich nicht, denn die ganze Strecke ist ein einziges Geschlängel, eine Krümmung folgt der anderen, man fällt von einer Kurve in die nächste, wobei echte Kehren in der Minderzahl sind.

Oben angekommen wende ich und fahre die Strecke nochmals, das genügt mir. So schön die Kurven auch sind, so stark wird der Fahrspaß auch durch das hohe Verkehrsaufkommen getrübt. Und das fast durchgehend bestehende Überholverbot wird leider streng überwacht. Außerdem wartet noch eine lange Heimfahrt auf mich.

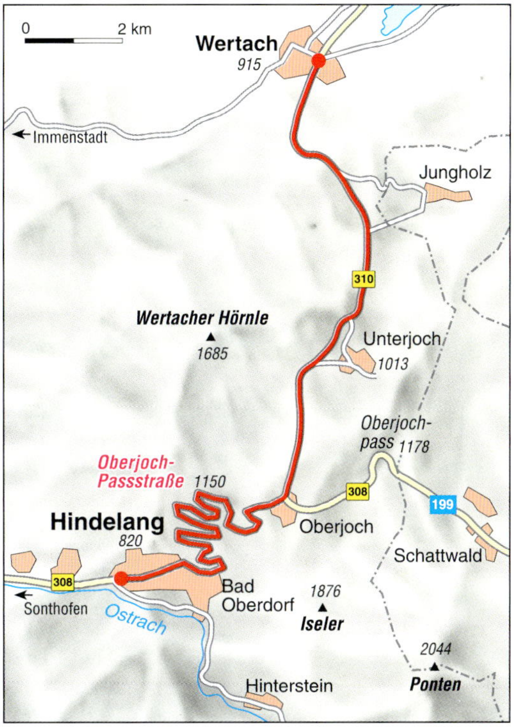

Der Gasthof »Letzter Heller« in Hindelang markiert den Beginn der Auffahrt zum Oberjochpass.

Als kurvenreichste Passstraße Deutschlands erfreut sich das Oberjoch im Allgäu vor allem bei sportlichen Fahrern großer Beliebtheit.

3 Alpenpässe in Deutschland
SUDELFELDSATTEL-STRASSE

SUDELFELDSATTEL-STRASSE

HÖCHSTER PUNKT
1097 m

AUSGANGSPUNKT
Ostseite: Niederaudorf, 476 m
Westseite: Bayrischzell, 800 m

ANFAHRT
Ostseite: Inntal-Autobahn, Ausfahrt Brannenburg-Niederaudorf
Westseite: Autobahn Salzburg, Ausfahrt Weyarn – Schliersee – Bayrischzell

STRECKENLÄNGE
26 km

STRASSENVERHÄLTNISSE
Von einer Engstelle in Wall abgesehen, gut ausgebaute Straße. Max. Steigung Ostseite 14%, Westseite 11%

STRECKENVERLAUF
Niederaudorf – Auerbach – Agg – Hummelei – Wall – Seebach – Rechenau – Gasthaus »Zum Feurigen Tatzelwurm« – Großparkplatz Tatzelwurm – Sudelfeldsattel – Bayrischzell

PASSÖFFNUNGSZEITEN
Ganzjährig befahrbar

MAUT
Auf der beschriebenen Strecke keine Mautpflicht. Bei der Auffahrt über die Ostseite von Degerndorf durch das schluchtartige Förchenbachtal besteht Mautpflicht. Die Mautgebühr beträgt 2,50 € für Hin- und Rückfahrt.

SEHENSWÜRDIGKEITEN
Tatzelwurmschlucht hinter dem Gasthof »Zum Feurigen Tatzelwurm«

Das Sudelfeld ist ein ausgedehntes, fast baumloses Almgelände östlich des Wendelsteins und der Tatzelwurm ein wilder, feuerspeiender Drache, der einst sein Unwesen in dieser Gegend getrieben haben soll. Den Tatzelwurm, wenn er überhaupt je existiert haben sollte, gibt es nicht mehr, dafür schwebt anderes Unheil über den Köpfen der Motorradfahrer. Die Straße über das Sudelfeld zählt nämlich zu den beliebtesten und meistbesuchten Motorradstrecken im bayerischen Alpenraum und ist deshalb immer wieder von Streckensperrungen bedroht. Einmal war es schon so weit, aber die Gerichte gaben den Klagen einiger einheimischer Motorradfahrer recht und verfügten die Aufhebung der Sperrung.

Damit dies auch in Zukunft so bleibt, sei gerade hier an eine ordnungsgemäße und vernünftige Fahrweise erinnert.

Angesichts dessen drossle ich Geschwindigkeit und Phon-Zahl auf ein Minimum, als ich das Ortsschild von Bayrischzell vor mir auftauchen sehe,

und widerstehe auch am Beginn der Steigungsstrecke am Ortsende der Versuchung kräftiger am Gasgriff zu drehen. Aber auch so vermittelt die gut ausgebaute Straße, mit ihren zwar wenigen, aber dafür um so schöneren Kehren eine Menge an Fahrspaß. Knapp fünf Kilometer nur, dann bin ich am Sattel, wo auf dem Parkplatz vor dem »Café Kotz« die Zahl der abgestellten Motorräder die der Autos bei weitem übersteigt.

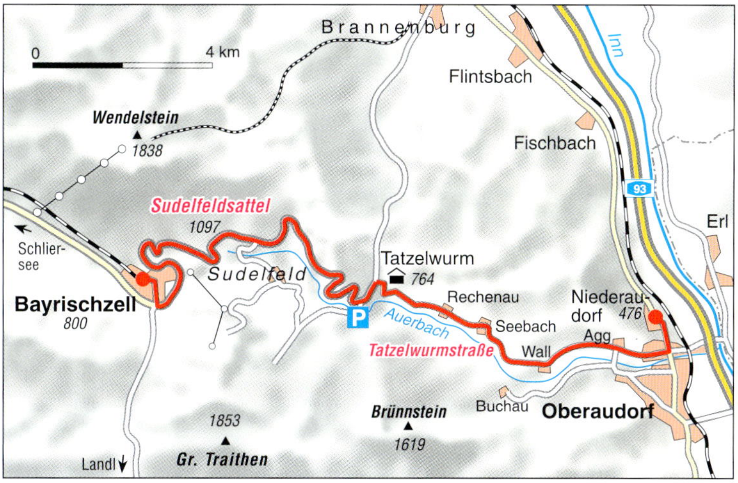

Ich fahre gleich weiter, mitten hinein in ein herrliches Landschaftspanorama, das sich bis zu den massiven Felsabstürzen des Wilden Kaisers ausweitet. Beim Parkplatz Tatzelwurm, wo die von Brannenburg heraufführende, mautpflichtige Straße einmündet, drehe ich nochmals um. Ich kann gar nicht anders – mir die Kurven- und Kehrenkombinationen bei der Auffahrt entgehen zu lassen, das wäre schlichtweg eine Sünde.

Wieder beim Parkplatz weist mich schon ein Schild zum Gasthof »Feuriger Tatzelwurm«. Hinter dem Gasthof führt ein kurzer Waldweg zu einer sehenswerten Felsklamm, die von einem tosenden Wildbach durchzogen wird. Im Gasthof genehmige ich mir noch eine feurige Gulaschsuppe, um dann gestärkt ins Inntal abzufahren.

Links: Rast am Sudelfeld, einer der beliebtesten Motorradstrecken in den Bayerischen Alpen

Probieren Sie im Gasthof »Feuriger Tatzelwurm« die feurige Gulaschsuppe!

4 Alpenpässe in Deutschland
ROSSFELD-HÖHENRINGSTRASSE

ROSSFELD-HÖHENRINGSTRASSE

HÖCHSTER PUNKT
1540 m

AUSGANGSPUNKT
Nordseite: Au, 700 m
Südseite: Berchtesgaden, 573 m

ANFAHRT
Nordseite: Autobahn Salzburg, Ausfahrt Salzburg Süd – Zollamt Hangendenstein – Marktschellenberg – Au
Südseite: Wie Nordseite bis Au und auf der Bundesstraße 305 weiter nach Berchtesgaden

STRECKENLÄNGE
26 km

STRASSENVERHÄLTNISSE
Gut ausgebaute Straße. Max. Steigung Nordseite 13%, Südseite 23%

STRECKENVERLAUF
Au – Oberau – Mautstelle Pechhäusl – Roßfeldhütte – Hennenköpfl/Roßfeld – Am Eckernsattel – Mautstelle Ofnerboden – Obersalzberg – Berchtesgaden

PASSÖFFNUNGSZEITEN
Ganzjährig befahrbar

MAUT
Die Strecke ist mautpflichtig. Die Mautgebühr beträgt 3,50 € einschließlich Beifahrer.

SEHENSWÜRDIGKEITEN
Schloss Berchtesgaden mit Schlossmuseum; Heimatmuseum; Salzbergwerk; Abstecher zum Königssee

SERVICESTELLEN
Honda: Unterau

Keine schlechte Sache mit dem vereinten Europa denke ich, als ich die österreichisch-deutsche Grenze beim Zollamt Hangendenstein, beim Übergang vom Salzburger Land ins Berchtesgadener Land, ohne Grenzkontrolle überquere. Als ich das letzte Mal hier war, sah das noch ganz anders aus. Damals forderte ein Beamter freundlich aber bestimmt meinen Ausweis und die Fahrzeugpapiere. Personalausweis und Kraftfahrzeugschein kramte ich auch aus dem Tankrucksack hervor, aber beim Führerschein musste ich passen. Der hing gut aufbewahrt und sicher Zuhause im Schrank in der anderen Kombi. Ich bekam damals ein Kärtchen ausgehändigt, das ich innerhalb einer Woche zurücksenden musste, dass ich meinen Führerschein vorgelegt habe.

Wenn die Grenzkontrollen hier auch weggefallen sind, sollte man den Führerschein trotzdem immer dabei haben, denn Kontrollen sind im Grenzgebiet selbstverständlich auch weiterhin möglich. Ich habe ihn diesmal im Gepäck und fahre an der Berchtesgadener Ache entlang durch Marktschellenberg nach Unterau. Dort verlasse ich die Bundesstraße, fol-

ge dem Hinweisschild »Roßfeld-Höhenringstraße«, und bald ist der leidige Zwischenfall vergessen. Ein kurzer Halt bei der Mautstelle Pechhäusl, dann enden die Kurven und Kehren viel zu schnell beim Parkplatz Hennenköpfl. Hier in 1540 m Höhe habe ich immerhin den höchsten öffentlich anzufahrenden Punkt der Bayerischen Alpen erklommen und genieße die weitreichende Aussicht über das Salzburger Land tief unter mir.

Über ein kurzes Stück verläuft die Straße völlig eben auf einem Berggrat entlang zum Eckersattel, bevor es wieder abwärts geht. Eine schöne Kehrenfolge unterhalb der mächtigen Felsfluchten des Hohen Göll leitet zur Mautstelle Ofnerboden, die ich allerdings erst passiere, nachdem ich diesen Abschnitt nochmals in umgekehrter Richtung bewältigt habe. Dann bremse ich die 24% Gefällstrecke nach Berchtesgaden hinunter, wo ich den Tag mit einem Besuch des Salzbergwerkes beschließe.

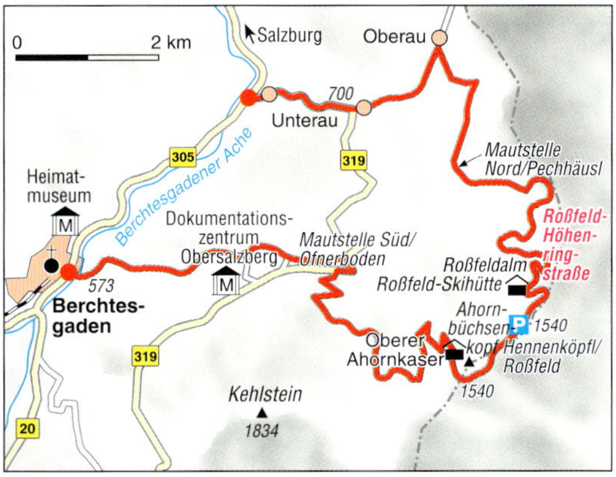

Keinen Blick für das sagenumwobene Massiv des Untersberges haben Fahrer und Beifahrer auf der B 319 zwischen Unterau und Berchtesgaden.

DERWEG
UROPEO
E5

Alpenpässe in Österreich

5 Alpenpässe in Österreich
SILVRETTA-HOCHALPENSTRASSE

SILVRETTA-HOCHALPENSTRASSE

HÖCHSTER PUNKT
2032 m

AUSGANGSPUNKT
Ostseite: Pians, 859 m
Westseite: Bludenz, 580 m

ANFAHRT
Ostseite: Inntal-Autobahn, Ausfahrt Zams – Landeck – Pians
Westseite: Bodensee-Autobahn, Ausfahrt Bludenz/Montafon

STRECKENLÄNGE
88 km

STRASSENVERHÄLTNISSE
Von einigen Engstellen bei Pians und Gaschurn abgesehen gut ausgebaute Straße. Kehrenreicher Verlauf ab Passhöhe bis Mautstelle Partenen. Max. Steigung Ostseite 11%, Westseite 11%

STRECKENVERLAUF
Pians – Schnatzerau/See – Seßelebene/See – Holdernach/Au – Brandau – Lochau – Auhof – Wiese – Versahl – Ischgl – Valzur – Tschaffein – Galtür – Wirl – Bieler Höhe – Partenen – Gaschurn – Gortipohl – St. Gallenkirch – Schruns – St. Anton im Montafon – Bludenz

PASSÖFFNUNGSZEITEN
1. Juni bis 15. November

MAUT
Die Strecke ist mautpflichtig. Die Mautgebühr beträgt 10,50 € für Hin- und Rückfahrt am gleichen Tag, für den Beifahrer 3,50 €.

SEHENSWÜRDIGKEITEN
Montafoner Bauernhäuser und Heimatmuseum in Schruns; Pfarrkirche St. Laurentius, Schloss Gayenhofen und Stadtmuseum in der Altstadt in Bludenz

ANSCHLUSSTOUR
Von Pians auf der Inntal-Autobahn nach Imst zur Hahntennjoch-Straße (Tour 6)

SERVICESTELLEN
Honda: Imst; BMW: Feldkirch, Kawasaki: Feldkirch, Suzuki: Feldkirch

Das gibt es doch nicht, denke ich mir und traue meinen Augen kaum, Motorbootfahren mitten im Hochgebirge. Aber es ist keine Fata Morgana, was sich da vor mir auf dem grünen Gletscherwasser des Silvretta-Stausees auf der Bieler Höhe, dem höchsten Punkt der Silvretta-Hochalpenstraße, abspielt. Ein mit Touristen besetztes Motorboot zieht auf dem ruhigen Wasserspiegel, in dem sich die Gletscherfelder der umgebenden Bergwelt spiegeln, unbeirrt seine Bahn. Damit hatte ich nun doch nicht gerechnet, als ich am frühen Morgen das altertümliche Bezirksstädtchen Bludenz in Richtung Schruns verlassen habe. In Montafon, wie der obere, rund 40 Kilometer lange Talabschnitt der Ill genannt wird, beeindruckten mich die charakteristischen Montafoner Bauernhäuser mit ihrem weißgetünchten Unterbau aus Stein und dem dunklen, wettergegerbten Aufbau aus Balkenwerk darüber, und in Gaschurn das Kirchlein »Maria Schnee«. Leider war hier auch die

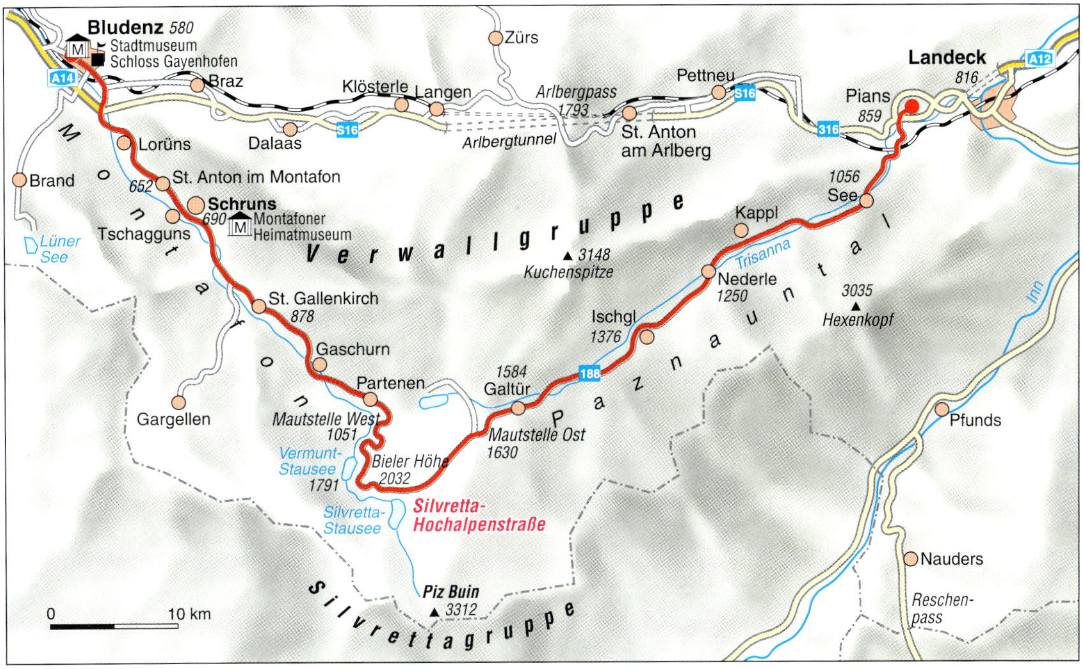

Ausbaustrecke zu Ende, dafür wartete hinter Partenen der fahrerisch anspruchsvollste und schönste Teil der Strecke. Zwischen dicht zusammengedrängten, teils bewaldeten, teils schrofigen Berghängen führen 25 eng aufeinanderfolgende, teilweise überhöhte Kehren steil nach oben und überwinden auf einer nur knapp neun Kilometer langen Strecke einen Höhenunterschied von gut 800 Metern.

Mit der Passhöhe überfahre ich nicht nur die Landesgrenze zwischen Vorarlberg und Tirol, sondern auch die Wasserscheide zwischen Rhein und Donau. Auch die Sprachgrenze zwischen dem alemannischen und dem Tiroler Dialekt verläuft hier oben, was sich vor allem darin auswirkt, dass die Gletscher auf dieser Seite nunmehr Ferner heißen.

Recht spärlich sind hier auch die Kurven, ganze zwei Kehren, gleich im Anschluss an die Passhöhe, zähle ich und bin froh, die kurvenreiche Auffahrt über das Montafon gewählt zu haben. Aber trotz des eher kurvenarmen Verlaufs steht das Paznuntal dem Montafon in bezug auf landschaftliche Schönheit nur wenig nach und von Vorteil erweist sich auch die spärlichere Besiedelung, die mir ein ungestörteres Vorwärtskommen ermöglicht.

Vorhergehende Doppelseite: Für die engen Haarnadelkurven auf der Südseite der Timmelsjoch-Hochalpenstraße ist diese XT ideal.

Über 25 Kehren fällt die Strecke auf der Nordwestseite der Silvretta Hochalpenstraße ins Montafon ab.

Linke Seite: Der Silvrettastausee auf der Bieler Höhe genannten Silvrettapasshöhe, zu Füßen des Silvrettahorns ist der höchstgelegene Stausee Österreichs.

6 *Alpenpässe in Österreich*
HAHNTENNJOCH-STRASSE

HAHNTENNJOCH-STRASSE

HÖCHSTER PUNKT
1903 m

AUSGANGSPUNKT
Ostseite: Imst, 828 m
Westseite: Elmen, 978 m

ANFAHRT
Ostseite: Garmisch – Ehrwald – Fernpass – Nassereith – Imst oder Inntal-Autobahn, Ausfahrt Mils-Imst
Westseite: Füssen – Reutte – Weißenbach – Stanzach – Elmen

STRECKENLÄNGE
30 km

STRASSENVERHÄLTNISSE
Teilweise schmaler Straßenverlauf mit Fahrbahnverengungen (teilweise Ausweichen). Viele unübersichtliche Kurven und Weideroste (bei Nässe erhöhte Vorsicht). Max. Steigung Ostseite 15%, Westseite 15%

STRECKENVERLAUF
Imst – Zum Linserhof – Hahntennjoch – Pfafflar – Bschlabs – Elmen

PASSÖFFNUNGSZEITEN
1. Juni bis 31. Oktober

SEHENSWÜRDIGKEITEN
Alte Patrizierhäuser aus dem 18. Jahrhundert, Heimatmuseum und Kirche St. Laurentius in Imst; Almhütten von Pfafflar

ANSCHLUSSTOUR
Von Imst auf der Inntal-Autobahn über die Ausfahrt Ötztal zur Ötztal- und Timmelsjoch-Hochalpenstraße (Tour 7)

»Zur Gemütlichkeit« lautet die Aufschrift über dem Eingang des Wirtshauses in dem kleinen Bergdorf Bschlabs an der westlichen Auffahrtsrampe der Hahntennjoch-Straße. Logisch, dass man hier nicht einfach vorbeifahren und die Gelegenheit zu einer Brotzeit nutzlos verstreichen lassen kann. Zumal, wie ich an den abgestellten Maschinen deutlich erkennen kann, eine ganze Reihe anderer Motorradfahrer der Verlockung ebenfalls nicht widerstehen konnten.

Aus einem Gespräch am Nebentisch erfahre ich dann, dass die Lechtaler Alpen, die die Straße hier durchquert, die größte Gebirgsgruppe der Ostalpen sein soll, der Lech selbst, Namensgeber der Gruppe, allerdings etwas westlich, im so genannten Lechquellengebirge, entspringt. Von den

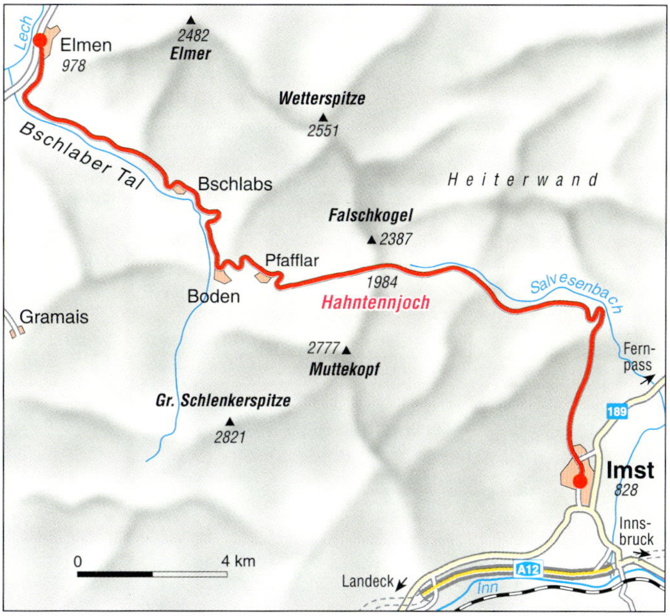

ebenfalls erwähnten landschaftlichen Schönheiten und dem fahrerischen Reiz der Straße konnte ich mich auf meiner bisherigen Anfahrt bereits selbst überzeugen. Mit einem vorzüglichen Kaiserschmarrn gestärkt, folge ich der weiterhin kurvenreichen, schmalen Straße am linken Talrand, die erst mit der Einfahrt ins Plötzigtal wieder breiter wird. Zwei Kehren durch den Peterwald lassen mich rasch an Höhe gewinnen und eröffnen zudem eine imponierende Aussicht auf die Spitzen der Hornbachkette im Nordwesten.

Nicht minder interessant ist aber eine Ansammlung von alten Holzhütten aus dunklen, wettergegerbten Balken unmittelbar am Straßenrand, von denen eine zu einem kleinen Kiosk umfunktioniert wurde. Bei einer Cola erfahre ich, dass die Hütten teilweise noch aus dem 13. Jahrhundert stammen und damit zu den ältesten Häusern Tirols gehören.

Die Passhöhe, die ich nach wenigen Kehren erreiche, ist ein eher unwirtlicher Aufenthaltsort inmitten der Geröllfelder, und auch die Aussicht ist begrenzt. Nur auf der gegenüberliegenden Talseite reihen sich die grauen Felsspitzen der Heiterwand zu einer lang ins Tal abfallenden Kette aneinander. Der geradlinig erscheinende Straßenverlauf täuscht allerdings, denn die Abfahrt hinunter nach Imst ist kurvenreicher als zuerst vermutet.

Linke Seite: Wenig aussichtsreich präsentiert sich die Hahntennjochpasshöhe.

Links: Gewaltige Schuttreißen begleiten uns auf der Ostabfahrt durch das Salvesental hinunter nach Imst.

7 Alpenpässe in Österreich
TIMMELSJOCH-HOCHALPENSTRASSE

TIMMELSJOCH-HOCHALPENSTRASSE

HÖCHSTER PUNKT
2500 m

AUSGANGSPUNKT
Nordseite: Inntal-Autobahn, Anschlussstelle Ötztal, 670 m
Südseite: St. Leonhard in Passeier, 693 m

ANFAHRT
Nordseite: Inntal-Autobahn, Ausfahrt Ötztal
Südseite: Brenner-Autobahn, Ausfahrt Vipiteno/Sterzing – Jaufenpass – St. Leonhard

STRECKENLÄNGE
75 km

STRASSENVERHÄLTNISSE
Im Ötztal von Engstellen bei Brückenüberfahrten in Ebene und Obergurgl abgesehen, gut ausgebaute Straße. Kehrenreicher Verlauf ab Timmelseck bis Passhöhe. Auf der Südseite enge Kehren, viele unbeleuchtete Tunnels und Belagschäden. Max. Steigung Nordseite 10%, Südseite 13%

STRECKENVERLAUF
Ambach – Ebene – Oetz – Habichen – Tumpen – Östen – Umhausen – Au – Dorf Espan – Längenfeld – Huben – Aschbach – Sölden – Ditze – Zwieselstein – Untergurgl – Gurgl/Timmelseck – Obergurgl – Hochgurgl – Timmelsjoch – Saltnuß/Rabenstein – Moos – St. Leonhard

PASSÖFFNUNGSZEITEN
15. Juni bis 15 Oktober.
Der Grenzübergang ist von 20.00 bis 7.00 Uhr geschlossen.

MAUT
Die Strecke ist mautpflichtig. Die Mautgebühr beträgt 10 € für die einfache Fahrt; Hin- und Rückfahrt 13 €

SEHENSWÜRDIGKEITEN
Stuibenwasserfall bei Umhausen; Andreas Hofer Geburtshaus, Gasthof »Sandwirt« in St. Leonhard

ANSCHLUSSTOUR
Von St. Leonhard weiter durch das Passeiertal nach Meran und zur Gampenjochstraße (Tour 18)

SERVICESTELLEN
Honda, BMW: Imst; Yamaha, Suzuki: Telfs

Den Tipp hatte ich von Freunden bekommen. Auf meiner Fahrt Richtung Süden zum Gardasee sollte ich doch einmal statt der bekannten Route über den Brennerpass, einen etwas weiter westlich gelegenen Übergang wählen, das Timmelsjoch. Die Strecke sei landschaftlich und fahrerisch um ein vielfaches reizvoller, was den zeitlichen Mehraufwand bei weitem wieder wettmache. Ein Anruf beim ADAC informiert mich darüber, dass das Timmelsjoch offiziell zwischen dem 15. Juni und 15. Oktober geöffnet, der Grenzübergang selbst zwischen 20 und 7 Uhr geschlossen, und für die Straßenbenutzung eine geringe Mautgebühr zu bezahlen ist.

Mit diesem Wissen ausgestattet, fahre ich beruhigt bei Haiming in das Ötztal, eines der längsten und höchsten Seitentäler des gesamten Alpenraums, ein. Allzugroße Ansprüche an die Fahrtechnik werden nicht gestellt, Langeweile kommt trotzdem nicht auf, denn die abwechslungsreiche Landschaft zu beiden Seiten lädt ohnehin mehr zum Schauen als zum Rasen ein.

Kurz hinter Sölden zweigt die Söldener Gletscherstraße zum Ganzjahresskigebiet um den Rettenbachferner ab. Ich überlege, ob ich diesen Abstecher noch mitnehmen soll. Einigen Höhenangaben zufolge endet sie nämlich auf 2803 Metern Höhe und wäre dann um einen ganzen Meter höher als die Restefond-/Bonette-Passstraße in den französischen Alpen. Ich

Oben: Hier gilt Gas weg und Rücksicht auf die Mittagsruhe dieser beiden Alpenbewohner.

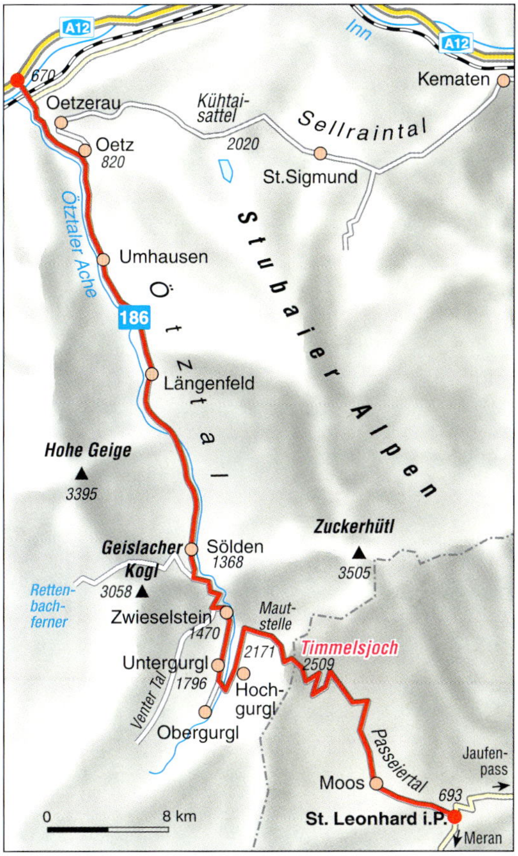

entschließe mich dennoch auf diesen Höhenrekord zu verzichten. Es ist nicht die Mautgebühr, die mich abschreckt, sondern vielmehr die vielen Autos mit Skiern auf den Dachträgern, die kein ungestörtes Vorwärtskommen signalisieren.

Bei Zwieselstein zweigt das Venter Tal ab. Es ist eines der schönsten Seitentäler des Ötztales und Ausgangspunkt für eine Reihe großartiger Bergtouren in den Ötztaler Alpen. Dort, hoch droben in den Gletschern um den Similaun und die Finailspitze, wurde am 19. September 1991 ein aufsehenerregender Fund gemacht, der noch heute als wissenschaftliche Sensation ersten Ranges gilt. Bergsteiger fanden hier die konservierte Mumie eines vor mehr als 5300 Jahren ums Leben gekommenen Menschen, der als »Ötzi« monatelang für Schlagzeilen sorgte und das Tal noch bekannter machte als es ohnehin schon war.

An einer »Timmelseck« genannten Straßenkreuzung beginnt die eigentliche Auffahrt über die Timmelsjoch-Hochalpenstraße. Mir scheint es, als ob die Straßenplaner beim Bau der Kehren, die sich durch hohen Lärchenwald an den Hängen des Gurgler Kamms nach oben ziehen, an die Motorradfahrer gedacht hätten, so viel Fahrspaß vermitteln sie. Immer prächtiger wird dabei die Aussicht auf die schneebedeckten Spitzen der Stubaier Alpen im Norden und die Gletscher um die Ramolkugel am Talschluss von Obergurgl.

Nach einer kurzen Abfahrt hinunter ins Timmelstal setzen sich die Kehren wieder fort und der Fahrgenuss endet erst auf der Passhöhe, die den einzigen gletscherfreien Übergang des Alpenhauptkamms zwischen dem Brennerpass im Westen und dem Reschenpass im Osten bildet. Gänzlich unbeeindruckt von dieser Tatsache ließen es sich die italienischen Zöllner noch vor wenigen Jahren nicht nehmen, meinen Personalausweis zu verlagen, der natürlich ganz unten im Tankrucksack verstaut war.

Unvermittelt steil bricht die Trasse dann auf der italienischen Seite nach unten ab. Enge, schlecht randgesicherte Haarnadelkehren und eine Vielzahl größerer und kleinerer Tunnel verlangen volle Konzentration und einen bedächtigen Umgang mit dem Gasgriff. Die Kurven und Kehren enden erst 1800 Höhenmeter tiefer, in St. Leonhard im Passeier, Heimatort des Tiroler Freiheitskämpfers Andreas Hofer, wo ich mir fest vornehme, bei meiner Heimfahrt die Strecke dann nochmals in entgegengesetzter Richtung zu bewältigen.

Linke Seite: 1800 Höhenmeter Kurven und Kehren bietet die Südauffahrt der Timmelsjoch Hochalpenstraße.

8 Alpenpässe in Österreich
ZILLERTALER-HÖHENSTRASSE

ZILLERTALER HÖHENSTRASSE

HÖCHSTER PUNKT
2133 m

AUSGANGSPUNKT
Nordseite: Ried im Zillertal, 573 m
Südseite: Ramsberg im Zillertal, 580 m

ANFAHRT
Nordseite: Inntal-Autobahn, Ausfahrt Achensee/Zillertal – Straß – Fügen – Ried im Zillertal
Südseite: Wie Nordseite bis Ried im Zillertal und weiter auf der Bundesstraße 169 bis Ramsberg im Zillertal

STRECKENLÄNGE
40 km

STRASSENVERHÄLTNISSE
Überwiegend schmaler Straßenverlauf mit Fahrbahnverengungen (teilweise Ausweichen). Viele unübersichtliche Kurven und einige Weideroste (bei Nässe erhöhte Vorsicht). Teilweise leichtere Belagschäden. Max. Steigung Nordseite 20%, Südseite 17%

STRECKENVERLAUF
Ried im Zillertal – Gasthof »Berghof« – Kaltenbacher Skihütte –Hirschbichlalm – Arbiskopfjoch – »Atlas Sport Alm« – Café »Bergkristall« – Gasthaus »Goldbründl« – Oberschwendberg – Schwendberg – Hippach – Ramsberg

PASSÖFFNUNGSZEITEN
1. Juni bis 31. Oktober

MAUT
Die Strecke ist mautpflichtig. Die Mautgebühr beträgt 3,50 € für die einfache Fahrt.

ANSCHLUSSTOUR
Von Ramsberg oder Ried im Zillertal nach Zell am Ziller zur Gerlospassstraße (Tour 9)

SERVICESTELLEN
Honda, Yamaha, BMW, Suzuki: Innsbruck; Kawasaki: Wattens

»Zillertal, du bist mei Freid« pfeife ich vergnügt unter meinem Vollvisierhelm, als ich die Autobahn Innsbruck bei Jenbach verlassen und in das wohl bekannteste der vielen Täler Österreichs einbiege. Angestrengt überlege ich, wie wohl der weitere Text dieses Tiroler Volksliedes lautet, komme aber nicht darauf. Macht nichts, denke ich, vielleicht treffe ich einen der »Zillertaler Schürzenjäger«, den ich fragen kann. Also halte ich nach diesen urigen Gestalten auf ihren alten Harley-Davidsons Ausschau, die mir aus mancher Illustrierten mit wehenden Haaren und dem Adler als Tiroler Landeswappen auf dem roten Wams her bekannt sind. Ich sehe keinen, stelle aber fest, dass die Kennzeichen der Verkehrsteilnehmer hier fast ausschließlich ausländisch sind. Kein Wunder, wenn man bedenkt, dass die Zahl der Fremdenverkehrsgäste die der Einwohner um das 100-fache übersteigt.

In Ried bin ich dann froh, die stark befahrene Straße im Talgrund verlassen und mein eigentliches Ziel, die Zillertaler Höhenstraße in Angriff nehmen zu können. Schmal und kurvig windet sich das Sträßchen nach oben.

Nach dem Gasthof »Berghof« entrichte ich eine geringe Mautgebühr, dann überfahre ich die Baumgrenze und genieße bei der Kaltenbacher Skihütte den prächtigen Blick auf die in der Sonne gleißenden Firnfelder der Zillertaler Alpen im Süden.

Bei der Hirschbichlalm mache ich Rast und frage den Wirt bei einem vorzüglichen Germknödel nach dem Text des Zillertaler Volksliedes.

»Zillertal, du bist mei Freid!
Da habn die Madln saggrisch Schneid.
Da gibts Gamsaln zu derjagn,
Schiane Diandl zu derfragen.
Zillertal, du bist mei Freid«!

Rezitiert er sofort und befriedigt damit nicht nur meinen Appetit, sondern auch meine

Neugier. So habe ich dann in Hippach, dem südlichen Endpunkt der Trasse, nicht nur das Gefühl eine tolle Tour hinter mir zu haben, sondern auch etwas für meine Bildung getan zu haben.

Linke Seite: Schmal, kurvenreich und teilweise unübersichtlich fordert die Zillertaler Höhenstraße ständige Konzentration.

Die Befahrung der Zillertaler Höhenstraße mit diesem Gold Wing Gespann ist keine ganz leichte Aufgabe.

9 Alpenpässe in Österreich
GERLOSPASSSTRASSE

GERLOSPASSSTRASSE

HÖCHSTER PUNKT
1628 m

AUSGANGSPUNKT
Ostseite: Wald im Pinzgau, 885 m
Westseite: Zell am Ziller, 575 m

ANFAHRT
Ostseite Mittersill – Mühlbach – Neukirchen am Großvenediger – Wald im Pinzgau
Westseite: Inntal-Autobahn, Ausfahrt Achensee/Zillertal – Straß – Stumm – Zell am Ziller

STRECKENLÄNGE
47 km

STRASSENVERHÄLTNISSE
Gut ausgebaute Straße. Max. Steigung Ostseite 9%, Westseite 9%
Hinweis: Die Alte Gerlos-Passstraße zwischen der Passhöhe und Wald im Pinzgau ist schmal, mit unübersichtlichen Kurven und teilweise erheblichen Belagschäden

STRECKENVERLAUF
Wald im Pinzgau – Vorderkrimml – Krimml – Mautstelle Krimml – Schönmoosalm – Filzstein – Filzsteinalpe – Hochkrimml – Duxeralm – Hotel »Gerlosplatte« – Mautstelle Gerlosplatte – Gerlos – Gmünd – Hainzenberg – Zell am Ziller

PASSÖFFNUNGSZEITEN
Ganzjährig befahrbar

MAUT
Die neue Gerlospassstraße ist mautpflichtig. Die Mautgebühr beträgt 4 € für die Tageskarte.

SEHENSWÜRDIGKEITEN
Krimmler Wasserfälle in Krimml

ANSCHLUSSTOUR
Von Wald im Pinzgau durch das Salzachtal über Mittersill nach Bruck an der Glocknerstraße zur Großglockner-Hochalpenstraße (Tour 12) oder von Zell am Ziller entweder nach Ried oder Ramsberg im Zillertal zur Zillertaler Höhenstraße (Tour 8)

Mein heutiger Besuch im Zillertal gilt dem Gerlospass, der das Zillertal mit dem Pinzgau im Salzburger Land verbindet. Gleich nach Zell steigt die Straße an und führt über eine Kehrengruppe an den Hängen des Hainzenberges nach oben. Am Fuße der mächtigen Gerlossteinwand, bei der Talstation der Gerlosstein-Seilbahn, endet die Kehrenstrecke und vorbei an den verstreuten Häusergruppen von Hainzenberg zieht sich die Straße nach Gerlos, das sich wieder als geschlossene Ortschaft zu erkennen gibt. Endlich wieder Schräglage, zwei Kehren ziehen am Rande eines riesigen begrünten Walls nach oben, der sich als Staumauer des Durlaßboden-Stausees entpuppt. Ich stoppe an der kleinen Jausenstation am Rande der Staumauer und bin beeindruckt, weniger allerding vom Speisenangebot als vom Blick über den fjordartig ausgestreckten See, der sich bis zu den Gletschern der Zillertaler Alpen erstreckt, überragt von der 3303 Meter hohen Reichenspitze.

Oben: Die Gerlospasshöhe ist ein ausgedehntes Hochplateau mit für diese Höhenlage untypischem Moorgebiet.

Bei der Weiterfahrt lasse ich die Abzweigung zur alten Gerlospassstraße buchstäblich links liegen und entrichte dafür meine Mautgebühr, um die neue Straße benutzen zu können. Die alte Straße wäre zwar landschaftlich und fahrtechnisch ebenfalls reizvoll, würde mich aber nicht zum Höhepunkt des Gerlospasses führen. Dieser eröffnet sich mir nach Überfahren der Passhöhe, einem ausgedehnten Hochplateau mit einem für diese Höhenlage untypischen Moorgebiet, am so genannten Haindleck, mit dem Blick auf die Krimmler Wasserfälle. In drei mächtigen Kaskaden stürzt das Wasser der Krimmler Ache, von zwölf Gletschern gespeist, über 400 Meter hohe Felswände tobend und brausend zu Tal.

Einen Besuch dieser Drei-Sterne-Attraktion lasse ich mir natürlich nicht entgehen und so wandere ich vom Parkplatz Trattenköpfl am Ortsende von Krimml auf schattigen Wegen über die Regenkanzel, das Schönangerl und den Bergerblick seitlich an den Wasserfällen hoch. Der Weg ist nicht nur schattig, sondern durch das gischtende und schäumende Wasser auch recht feucht, und so komme ich nach gut eineinhalb Stunden pitschnass wieder bei der Maschine an.

Linke Seite: Von einer kleinen Jausenstation fällt der Blick über den Durlaßboden Stausee auf die Dreitausender der Zillertaler Alpen.

10 *Alpenpässe in Österreich*
GOSAUSEEN-BERGSTRASSE

GOSAUSEEN-BERGSTRASSE

HÖCHSTER PUNKT
937 m

AUSGANGSPUNKT
Gosauzwang am Hallstätter See, 508 m

ENDPUNKT
Parkplatz der Gosaukammbahn am Vorderen Gosausee, 937 m

ANFAHRT
Autobahn-Salzburg, Ausfahrt Mondsee – St. Gilgen – Bad Ischl – Bad Goisern – Gosauzwang oder Tauern-Autobahn, Ausfahrt Golling – Golling – Scheffau – Pass Gschütt – Gosau

STRECKENLÄNGE
17 km

STRASSENVERHÄLTNISSE
Gut ausgebaute Straße. Max. Steigung 12%

STRECKENVERLAUF
Gosauzwang – Buchberge – Gosau – Kranabet – Hintertal – Gasthaus »Gosauschmid« – Parkplatz der Gosaukammbahn

PASSÖFFNUNGSZEITEN
Ganzjährig befahrbar

SERVICESTELLEN
Honda, Yamaha, Kawasaki, Suzuki: Bad Ischl; BMW: Salzburg

»A Hüatamadl mog i ned, hod koane dick'n Wadln ned« (frei übersetzt: Ein Mädchen von der Alm mag ich nicht, sie hat keine dicken Wadeln) summe ich stillvergnügt vor mich hin, als ich durch Bad Goisern fahre. Ich kann fast gar nicht anders, der Gassenhauer ist in aller Munde, seit Hubert von Goisern, ein Volksmusiker aus dem Ort, damit seine Weltkarriere startete.

Meine gute Laune rührt aber eigentlich von etwas anderem her: Ich bin unterwegs zu einer der schönsten Landschaften Österreichs, den Gosauseen. Bald hinter Bad Goisern fahre ich an der Uferstraße des Hallstätter Sees entlang und biege bei Gosauzwang in das enge, dichtbewaldete Tal des Gosaubaches ab. Hinter der Gosaumühle verlasse ich den klammartigen Abschnitt, das Tal weitet sich, und zwischen grünen Wiesen verstreut liegt die Ortschaft Gosau. Einen fesselnden Eindruck aber macht, was dahinter aufragt: Wie eine gewaltige Felsmauer schließt der Gosaukamm, ein Riff aus Kalkfels, Zinnen und Türmen, auch »dem Herrgott sein Klettergarten« genannt, das Tal nach Süden ab.

Aber der Höhepunkt liegt noch vor mir, es ist die »alpine Majestät« des Salzkammergutes, der Hohe Dachstein. Kein Einzelgipfel, sondern ein imposantes Massiv aus Fels, Gletschern, Karsthochflächen, Almen, Wiesen und riesigen Höhlen.

1832 waren es der Filzmooser Bauer Gappmayer, der als erster Mensch den 2995 m hohen Gipfel betrat, aber in den Annalen der Bergsteigerarchive wird der Salzburger Professor Thurwieser als Erstbesteiger geführt, der eigentlich erst zwei Jahre später am Gipfel stand. Damals war das Bergsteigen aber noch ein solch elitäres Unterfangen, dass die Ersteigung von Gipfeln durch einfache Bauern gar nicht zählte.

Diese Zeiten sind vorbei, Bergsteigen ist längst zu einer Massenbewegung geworden, die alle Schichten unserer Bevölkerung erfasst hat, denke ich, während ich vom Vorderen Gosausee zu den überfüllten Parkplätzen zurückspaziere. Noch ein letzter Blick auf den Dachstein, der sich in dem grünen Wasser spiegelt, dann fahre ich wieder zurück zum Hallstätter See.

Linke Seite: Blick über den Vorderen Gosausee auf die Nordwände des Gosaukamms

Rast am Vorderen Gosausee

Unten: Der Gosaukamm verschließt jeden Weiterweg.

11 *Alpenpässe in Österreich*
NOCKALM-HÖHENSTRASSE

NOCKALM-HÖHENSTRASSE

HÖCHSTER PUNKT
2040 m

AUSGANGSPUNKT
Nordseite: Kremsbrücke, 952 m
Südseite: Rosental/Winkl, 1100 m

ANFAHRT
Nordseite: Tauern-Autobahn, Ausfahrt Rennweg – Krems – Kremsbrücke
Südseite: Tauern-Autobahn, Ausfahrt Spittal/Millstätter See – Seeboden – Millstatt – Radenthein – Bad Kleinkirchheim – Patergassen – Ebene Reichenau – Rosental/Winkl

STRECKENLÄNGE
45 km

STRASSENVERHÄLTNISSE
Von einer Engstelle in Kremsbrücke abgesehen, gut ausgebaute Straße. Kurven- und kehrenreicher Verlauf, einige Weideroste (bei Nässe erhöhte Vorsicht).
Max. Steigung Nordseite 12%,
Südseite 14%

STRECKENVERLAUF
Kremsbrücke – Vorderkrems – Innerkrems – Alpengasthof »Heiligenbach« – Nockalmwirt – Wirtshaus »Karlbad« – Rosental/Winkl

PASSÖFFNUNGSZEITEN
Pfingsten bis 31. Oktober.
Zwischen 18.00 und 8.00 Uhr gilt ein Motorradfahrverbot.

MAUT
Die Strecke ist mautpflichtig. Die Mautgebühr beträgt 7 € für die Tageskarte.

DER BESONDERE TIPP
Empfehlenswerter Abstecher von der Tauern-Autobahn: In Gmünd befindet sich ein Porsche-Museum.

Ich habe ein paar Urlaubstage in Kärnten am Ossiacher See verbracht und muss nun die Heimreise antreten. Aber bevor ich mich dem langweiligen Betonband der Autobahn anvertraue, möchte ich noch einen Abstecher über eine der schönsten Panoramastraßen Kärntens, die Nockalm-Höhenstraße, unternehmen.

Über Feldkirchen und Himmelberg fahre ich an der Gurk, die dieser Bergregion ihren Namen gegeben hat, nach Winkl, einer Straßenkreuzung, wo die Nockalmstraße abzweigt. Bevor ich mir mit der Mautgebühr den Zutritt zur Nockalm-Höhenstraße erkaufe, unternehme ich noch einen kleinen Abstecher zur Turracher Höhe. Mit einer Steigung von 23% gehört sie nämlich zu den steilsten Straßen der Alpen und das »Feeling«, das man beim Befahren erfährt, ist schon etwas besonderes.

Vorsicht vor dem Weiderost auf der Schiestelscharte, dem zweithöchsten Punkt auf der Nockalm Höhenstraße

Auf der Passhöhe mit dem Kleinen Turrachsee wende ich und bremse mich über die steile Rampe wieder hinunter nach Winkl. Die Steigung mit der die Straße nun ins Nockgebiet eintritt, nimmt man dann im Vergleich zur Turracher Höhe schon gar nicht mehr wahr. Sie liegt meist bei 10%, nur oben bei der Schiestelscharte, einer landschaftlich besonders schönen Einkerbung, geht sie kurz auf 14%.

Dort breitet sich dann auch fast das gesamte Nockgebiet vor mir aus, während im Osten und Westen der Blick die ganze Weite des Kärntner Berglandes erfasst. Kurven- und kehrenreich geht es ins Grundtal hinab und in Karlbad lege ich einen besonderen Stopp ein. In einem alten Bauernhof wird das in dieser Gegend wohl letzte Bauernbad betrieben, wo noch wie vor Hunderten von Jahren

das mittels erhitzter Steine erwärmte Wasser über hölzerne Rinnen in alte Holzwannen geleitet wird. Dem radium-, schwefel- und eisenhaltigen Wasser wird eine heilende Wirkung gegen Rheuma nachgesagt.

Frisch gebadet erklettere ich dann den höchsten Punkt an der Eisentalhöhe, bevor es durch den Heiligbachgraben nach Kremsbrücke, dem Endpunkt der Höhenstraße geht.

Unberührte Natur, eine schön geschwungene Straße und wenig Verkehr bietet die Nockalm Höhenstraße.

12 *Alpenpässe in Österreich*
GROSSGLOCKNER-HOCHALPENSTRASSE

GROSSGLOCKNER-HOCHALPEN-STRASSE

HÖCHSTER PUNKT
2505 m

AUSGANGSPUNKT
Nordseite: Bruck an der Glocknerstraße, 757 m
Südseite: Heiligenblut, 1301 m

ANFAHRT
Nordseite: Autobahn Sahlzburg, Ausfahrt Traunstein/Siegsdorf – Inzell – Unken – Lofer – Saalfelden – Zell am See – Bruck an der Glocknerstraße oder Tauern-Autobahn, Ausfahrt Werfen oder Bischofshofen – St. Johann im Pongau – Schwarzach – Lend – Bruck an der Glocknerstraße
Südseite: Lienz – Iselsberg – Winklern – Mörtschach – Döllach – Heiligenblut

STRECKENLÄNGE
50 km

STRASSENVERHÄLTNISSE
Gut ausgebaute Straße. Einige kopfsteingepflasterte Kehren auf der Nordseite im unteren Streckenteil, sowie bei der Auffahrt zur Edelweißstraße (bei Nässe Vorsicht). Max. Steigung Nordseite 12% (Auffahrt Edelweißstraße 14%), Südseite 12%

STRECKENVERLAUF
Bruck – Vorfusch – Fusch – Bärenwerk/Embachkapelle – Mautstelle Ferleiten – Piffkar – Fuscher Törl – Fuscherlacke – Hochtortunnel – Wallackhaus – Kasereck/Tauernrast – Mautstelle Roßbach – Glocknerblick/Sonnhaus – Heiligenblut

PASSÖFFNUNGSZEITEN
1. Mai bis 31. Oktober. Von Anfang Mai bis 15.Juni gilt eine Nachtsperre zwischen 20 und 6 Uhr; vom 16. Juni bis 15. September zwischen 21.30 und 5 Uhr und vom 16. September bis Ende Oktober zwischen 19.30 und 6.00 Uhr. Letzte Einfahrt jeweils 45 Min. vor der Nachtsperre.

MAUT
Die Strecke ist mautpflichtig. 17 € für die Tageskarte, für Fahrten nach 18 Uhr wird die Gebühr auf 12 € ermäßigt.

SEHENSWÜRDIGKEITEN
Wildpark Mautstelle Ferleiten; Abstecher auf die Edelweißspitze mit Panoramarundblick; Abfahrt mit Schrägaufzug auf den Pasterzegletscher.

Als ich gestern Nachmittag hier ankam, war strahlender Sonnenschein. Bei der Anfahrt hatte ich in Zell am See sogar noch ein Bad genommen, bevor ich mein Zelt in Fusch, dem Hauptort des gleichnamigen Tales, aufschlug. In der Nacht begann es zu regnen und am Morgen nieselte es noch leicht, als ich dick vermummt gegen die Morgenkühle und Feuchtigkeit in meiner Regenkombi taleinwärts fuhr.

Als ich an der Mautstelle ankam, gab es dann die Überraschung: »Großglockner-Hochalpenstraße wegen Schneefall gesperrt«, zeigte ein Schild an. Ein Kassenhäuschen war besetzt und ich fragte den Bediensteten, ob ich nicht durchfahren könne, so schlimm könnte es doch unmöglich sein, schließlich hätten wir jetzt Mitte August, also Hochsommer. Nichts zu machen, erklärte er mir, auf der Scheitelhöhe liegen mehr als 30 Zentimeter Neuschnee und die Räumungsfahrzeuge sind im Einsatz, um wenigstens den Touristen, die entlang der Strecke übernachten mussten, eine halbwegs sichere Talfahrt zu gewährleisten. Außerdem klärte er mich auf, dass hier Schnee im Hochsommer keine Seltenheit sei, denn an immerhin 250 Tagen im Jahr fiele im oberen Teil der Straße Niederschlag, meist in Form

von Schnee und an gut 100 Tagen im Jahr würden dort Windgeschwindigkeiten bis 150 km/h gemessen.

Zwei Wochen später bin ich wieder an der gleichen Stelle, und wo ich damals frustriert im Nebel stand, eröffnet sich nun ein prächtiges Hochgebirgspanorama: im Westen die alles dominierende Erhebung des 3564 Meter hohen Wiesbachhorns und die vergletscherte Nordwand des 3331 Meter hohen Fuscherkarkopfs davor. Vor der Weiterfahrt besuche ich noch den Alpenwildpark Ferleiten, direkt bei der Mautstelle, mit mehr als 200 Tieren, darunter auch Braunbären, Luchsen, Wölfen und Wisente.

Vorbei am Schleierwasserfall, erreiche ich die erste Kehrengruppe bei der Piffalpe, und schon beim Hinweisschild Hochmais lasse ich die letzten sturm- und windgebeugten Wetterlärchen am Straßenrand hinter mir. Die Hexenküche macht mich neugierig, ich halte an und krame den Prospekt hervor, den ich an der Mautstelle erhalten habe. Bei Bauarbeiten im Jahre 1977 wurden hier Häftlingsketten aus dem 17. Jahrhundert gefunden, mit denen die Gefangenen an Halseisen aneinandergekettet auf diesem Weg nach Venedig getrieben wurden, um dort als Galeerensträflinge ihre Straße zu verbüßen.

Wenig später gehe ich die knapp 2 Kilometer lange Stichstraße mit ihren 6 Kehren zur Edelweißspitze an, die mit 2577 Meter zugleich höchster und aussichtsreicher Punkt der Glocknerstraße ist. Zurück zur Abzweigung und noch ein kurzer Dreh am Gasgriff, dann halte ich an der kleinen steinernen Gedenkstätte am Fuschertörl an, die zu Ehren jener Männer errichtet wurde, die beim Bau der Straße zwischen 1930 und 1935 ums Leben kamen.

Eine kurze Abfahrt zur Fuscherlacke, dann geht es durch die öde, unwirtliche Geröllregion zu Füßen des Brennkogels wieder aufwärts. »Elendboden« nennt der Volksmund diesen Abschnitt in Erinnerung an eine Pilgergruppe, die sich hier im Jahre 1683 in einem Schneesturm verirrte und über eine Felswand ins Beinkar stürzte.

Der dunkle Hochtortunnel, in 2503 Metern Höhe der Scheitelpunkt der Hochalpenstraße, nimmt mich auf, dann geht es wieder abwärts zur Abzweigung Guttal. Der schönste Teil der Strecke liegt jedoch noch vor mir, die Auffahrt zur Franz-Josephs-Höhe am Fuße des Großglockners, wo ich von der gleißenden Pracht der umgebenden Gletscher und Schneefelder fast geblendet werde. Mit dem 274 Meter langen Schrägaufzug lasse ich mich bequem auf den Gletscherboden der Pasterze absetzen, die mit 10 Kilometern Länge immerhin der längste Gletscher der Ostalpen ist, und schaudere bei dem Gedanken, dass das Eis hier bis zu 100 Meter tief und von zahllosen Spalten durchzogen ist.

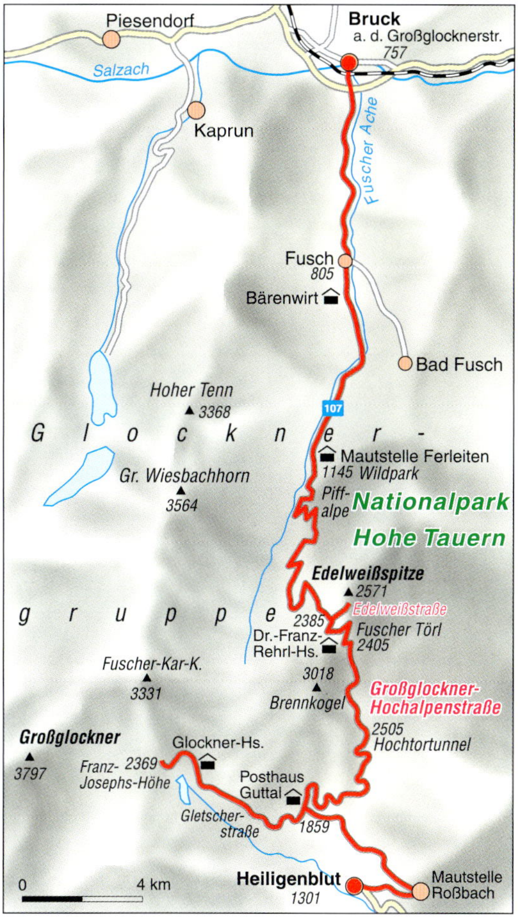

Wieder sicheren Boden unter den Füßen, setze ich die Fahrt über die Südrampe nach Heiligenblut fort, wo der schlanke Kirchturm der Pfarrkirche mit dem Großglockner im Hintergrund ein postkartenreifes Motiv bildet.

Linke Seite: Dominant zeigt sich das 3564 m hohe Große Wiesbachhorn kurz vor dem Fuschertörl.

STALLERSATTELSTRASSE

STALLERSATTELSTRASSE

HÖCHSTER PUNKT
2052 m

AUSGANGSPUNKT
Ostseite: Huben, 814 m
Westseite: Einmündung in die Pustertaler Staatsstraße bei Olang, 1005 m

ANFAHRT
Ostseite: Inntal-Autobahn, Ausfahrt Kufstein-Süd – Scheffau – Going – St. Johann in Tirol – Kitzbühel – Passthurn – Mittersill – Felbertauerntunnel – Matrei in Osttirol – Huben
Westseite: Lienz – Sillian – Toblach – Welsberg – Olang oder Brenner-Autobahn, Ausfahrt Bressanone/Brixen – Mühlbach – Bruneck – Olang

STRECKENLÄNGE
60 km

STRASSENVERHÄLTNISSE
Auf der Ostseite von einigen Engstellen bei Brückenüberfahrten abgesehen, gut ausgebaute Straße. Auf der Westseite von der Passhöhe bis Antholzer See schmale, einspurige Fahrbahn mit engen Kehren. Max. Steigung Ostseite 12%, Westseite 12%

STRECKENVERLAUF
Huben – Döllach – Hopfgarten -Zotten – Feld – Bruggen – St. Jakob – Maria Hilf – Erlsbach – Stallersattel – Antholzer See – Antholz/Obertal – Antholz/Mittertal – Antholz/Niedertal – Oberrasen – Niederrasen – Olang

PASSÖFFNUNGSZEITEN
1. Juni bis 31. Oktober; die Grenze ist von 20.00 bis 6.00 Uhr geschlossen; die Abfahrt von der Passhöhe nach Südtirol nur jede 1. bis 15 Minute in der Stunde, die Auffahrt ab Antholzer See nur von jeder 30. bis 45 Minute in der Stunde möglich

SEHENSWÜRDIGKEITEN
Abstecher nach St. Veit mit alter Tiroler Bauernhäusern und alter Pfarrkirche; Wallfahrtskirche St. Leonhard und Handelshaus in St. Jakob

ANSCHLUSSTOUR
Siehe Tour 12, 14 und 31

Ich bin durch den Felbertauerntunnel gefahren, bei Huben ins Defereggental abgebogen und stehe nun etwa auf halber Höhe zum Stallersattel vor einer großen Holztafel. Ein großer Kreis, einviertel grün, dreiviertel rot und darüber in Großbuchstaben: »Abfahrt nach Italien. Nach jeder vollen Stunde 15 Min. Gilt ab Staatsgrenze.« Weiter der Hinweis: »Letzte Überfahrt 21.15 Uhr. Geöffnet von 8 Uhr bis 21.15 Uhr.«

Alles klar, denke ich, nach einem Blick auf die Uhr, es ist erst früher Nachmittag und gebe wieder Gas. Viel Verkehr herrscht nicht auf diesem doch etwas abgelegenen Übergang von Österreich ins Pustertal, und so genieße ich das Fahren auf den ruhigen Straßen. Hin und wieder geht es durch eine kleine Ortschaft und aufmerksam betrachte ich die alten Holzhäuser, die oft an extrem steile Grashänge gebaut wurden und bis zu fünf Stockwerke hoch sind.

Die Passhöhe ist eine fast unverbaute Landschaft, die von einem riesigen Teppich aus blauen und dunkelroten Akeleien überzogen ist. Darin liegt eingebettet ein kleiner See, der Obersee, der von einigen Besuchern zu einer kleinen Abfrischung genutzt wird. Eine recht freundliche Umge-

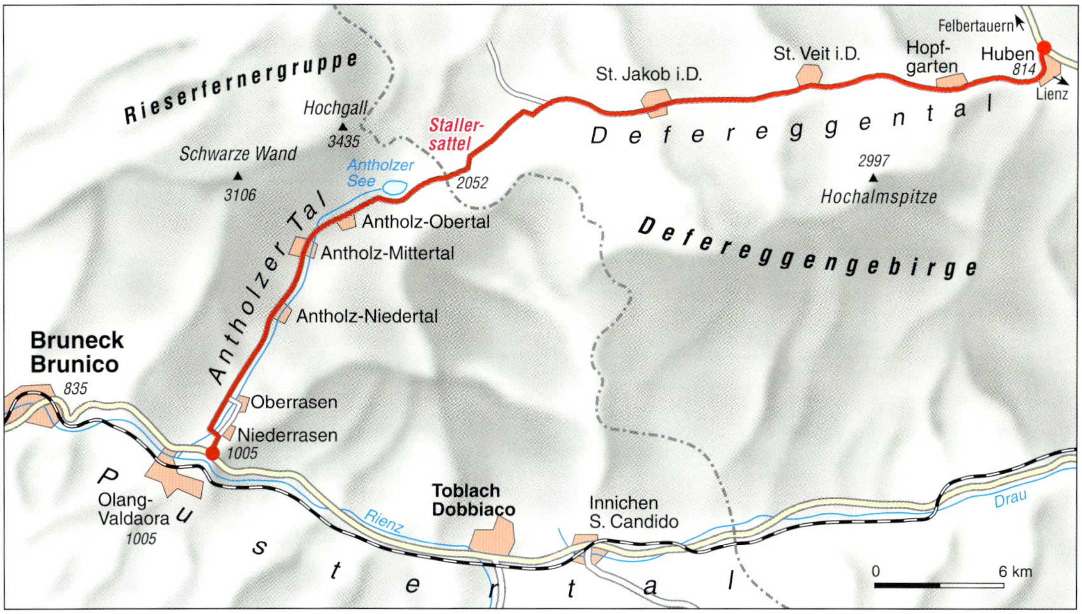

Reichlich Natur bietet uns die Passhöhe des Staller Sattels.

bung, zu der nur die schlechte Stimmung eines Zöllners so gar nicht passen will. Als ich mich an der Schlange wartender Autos nach vorne mogeln will, wo sich schon mehrere Motorräder angesammelt haben, schickt er mich wieder an deren Ende zurück. Nach dem Beitritt zum Schengener Abkommen sind solche kleinen Schickanen passé. Das schadenfrohe Grinsen der Autofahrer hätte ich ja noch gerne in Kauf genommen, aber schlimmer war ein anderer Umstand: Nach der Grenze überwindet die Trasse nämlich über vier Kehren einen steilen Felshang. Die Straße ist dabei so schmal, dass für entgegenkommende Fahrzeuge kein Platz mehr wäre. Aber auch die abfahrenden Fahrzeuge müssen vorsichtig rangieren, so dass es mir fast wie eine Ewigkeit erschien, bis dieser Abschnitt endlich überwunden war.

Die hochalpine Umgebung, mit dem Hochgall als höchstem Punkt, entschädigte mich zwar etwas, aber beim Antholzer See war ich doch froh, die Autoschlange endlich hinter mir lassen zu können.

Linke Seite: Vier enge Kehren überwinden einen steilen Felshang im obersten Teil der Westabfahrt des Staller Sattels.

14 Alpenpässe in Österreich
GAILBERGSATTEL UND PLÖCKENPASSSTRASSE

GAILBERGSATTEL UND PLÖCKENPASSSTRASSE

HÖCHSTER PUNKT
1362 m

AUSGANGSPUNKT
Nordseite: Oberdrauburg, 629 m
Südseite: Tolmezzo, 323 m

ANFAHRT
Nordseite: Über den Felbertauerntunnel (siehe Anfahrt Stallersattel, Tour 13) oder die Großglockner-Hochalpenstraße (Tour 12) nach Lienz – Oberdrauburg
Südseite: Autobahn Villach – Udine, Ausfahrt Tolmezzo/Amaro – Tolmezzo

STRECKENLÄNGE
62 km

STRASSENVERHÄLTNISSE
Die Gailbergsattel-Straße ist gut ausgebaut. Max. Steigung Nordseite 6%, Südseite 10%. Auf der Südseite der Plöckenpassstraße einige Fahrbahnverengungen und leichtere Belagschäden. Zwei enge Kehrentunnels im oberen Bereich der Südseite (hier erhöhte Vorsicht). Max. Steigung Nordseite 13%, Südseite 8%

STRECKENVERLAUF
Oberdrauburg – Gailbergsattel – Gasthof »Gailberghöhe« – Laas bei Hötschach – Kötschach/Mauthen – Zum Lamprechtbauer – Gasthof »Eder« – Plöckenhaus – Plöckenpass – Casett in Canada – Arta Terme – Cedarchis – Cadunea – Imponzo – Tolmezzo

PASSÖFFNUNGSZEITEN
Ganzjährig befahrbar

SEHENSWÜRDIGKEITEN
Museum der Karnischen Front im Rathaus Kötschach/Mauthen; Freilichtmuseum am Plöckenpass mit Frontstellungen des 1. Weltkrieges beim Plöckenhaus, ca. 2 km vor der Passhöhe

ANSCHLUSSTOUR
Von Oberdrauburg durch das Mölltal nach Lienz und von dort entweder zur Stallersattelstraße (Tour 13) oder durch das Mölltal zur Großglockner-Hochalpenstraße (Tour 12)

SERVICESTELLEN
BMW, Suzuki: Spittal/Drau; Kawasaki: Debant

Ich bin über die Großglockner-Hochalpenstraße nach Lienz und möchte über den Gailbergsattel und Plöckenpass weiter an die obere Adria nach Venedig. Sicherlich nicht gerade der schnellste und kürzeste Weg, aber ich habe Zeit und ziehe diese Verbindung den ausgetretenen und langweiligen Autobahnfahrten vor. Vor mir liegen die Gailtaler und die Karnischen Alpen, die ich bisher nur dem Namen nach kenne und so bin ich entsprechend gespannt, was mich erwartet, als ich in das Drautal einfahre.

Schnell komme ich auf der gut ausgebauten Straße im breiten Tal der Drau voran, die das Land gleichsam wie eine Lebensader durchzieht und in der alle Flüsse Kärntens von der Möll, der Malta, über Lavant, Vellach und der Lieser bis hin zur merkwürdig gewundenen Gurk münden. In Oberdrauburg tanke ich und bin über die Freundlichkeit des Tankwartes erstaunt, die mir hier in Kärnten allerdings schon öfters begegnet ist. Es scheint also doch zu stimmen, dass das Wort Kärnten von »cavant« kommt, was soviel wie Freund bedeutet, denn ganz allgemein gelten die Kärntner als offene, freundliche Menschen von verbindlicher Wesensart.

Erstaunt bin ich dann auch, als sich die Nordrampe über den Gailbergsattel als breite, gut ausgebaute Straße präsentiert, die sich in schön geschwungenen Kehren mit recht gleichmäßiger Steigung nach oben zieht. Kaum anders die Südrampe, die sich ebenfalls in sehr gutem Ausbauzustand, aber nur mit wenigen Kehren, nach Kötschach-Mauthen hinunter zieht.

Dort beginne ich die Auffahrt zum Plöckenpass. Auch hier zeigt sich die Straße in gutem Zustand, wenngleich auch etwas schmäler, kurvenreicher und an einigen Abschnitten bis 13% ansteigend. Die Gegend ist sehr waldreich, und nur hin und wieder erinnert eine Schuttreiße, dass ich in hochgebirgige Regionen vorstoße. Die Grenzstation liegt dann fast wie ein Adlerhorst mitten auf dem Bergkamm, der gleichzeitig die Grenze zwischen Österreich und Italien bildet. Die Abfahrt auf der italienischen Seite erweist sich dann in deutlich schlechterem Zustand. Sie beginnt mit engen Kehren und Belag-

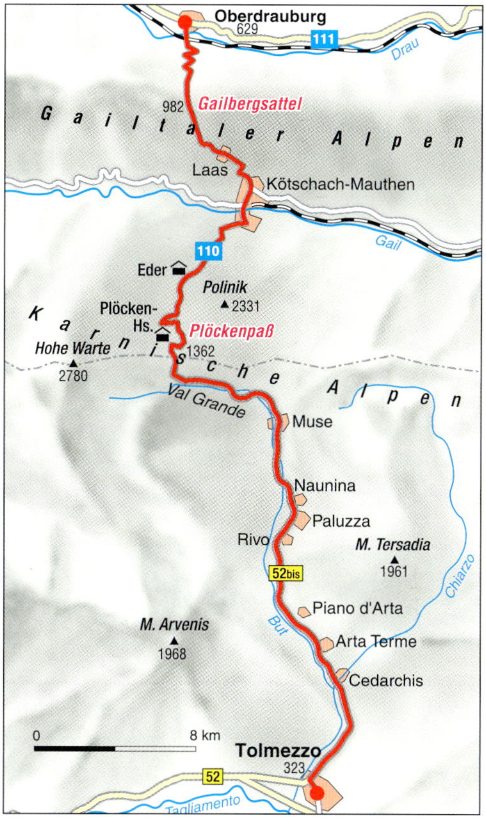

Bei Lawinengefahr wird die Plöckenpassstraße hier ab dem Gasthof »Eder« gesperrt.

Linke Seite: Die enge Kurvenkombination im oberen Teil der Westseite des Plöckenpasses wird zusätzlich durch einen Kehrentunnel erschwert.

schäden im oberen Teil, zieht sich lange hinunter bis Tolmezzo, wo ich ganz froh bin, die restliche Strecke auf der Autobahn zurücklegen zu können.

Alpenpässe in Italien

15 *Alpenpässe in Italien*
STILFSER-JOCH-STRASSE

STILFSER-JOCH-STRASSE

HÖCHSTER PUNKT
2757 m

AUSGANGSPUNKT
Nordseite: Spondinig, 887 m
Südseite: Bórmio, 1217 m

ANFAHRT
Nordseite: Inntal-Autobahn, Ausfahrt Zams – Landeck – Pfunds – Nauders – Reschenpass – Mals – Spondinig
Südseite: Vom Oberengadin über Pontresina – Berninapass – Livignopass – Eirapass – Foscagnopass – Bórmio oder Zernez – Richtung Ofenpass – Abzweigung Munt-la-Schera-Tunnel – Livigno – Eirapass – Foscagnopass – Bórmio

STRECKENLÄNGE
50 km

STRASSENVERHÄLTNISSE
Kurvenreiche Straße mit vielen engen, schwierig zu befahrenden Haarnadelkehren mit teilweise erheblichen Belagschäden. Auf der Südseite zudem viele unbeleuchtete Tunnels und Tunnelgalerien mit Engstellen. Max. Steigung Nordseite 12%, Südseite 12%

STRECKENVERLAUF
Spondinig – Prad – Gasthaus Adler – Stilfser Brücke – Gomagnoi – Trafoi – Gasthof »Weißer Knott« – Hotel »Franzenshöhe« – Stilfser Joch – Bar Nationalpark/Wasserfall – Bórmio

PASSÖFFNUNGSZEITEN
1. Juni bis 31. Oktober

SEHENSWÜRDIGKEITEN
Ortlerblick beim Gasthof »Weißer Knott«; schönster Rückblick auf den Kehrenverlauf der Nordseite kurz unterhalb der Passhöhe; alte Bürgerhäuser und Stadtmuseum in Bórmio

ANSCHLUSSTOUR
Von Bórmio über die Gáviapassstraße (Tour 15)

SERVICESTELLEN
Honda, Yamaha, BMW, Kawasaki: Bozen, Meran; Suzuki: Trento

Für die einen ist sie ein Traum, für die anderen ein Alptraum, die Stilfser-Joch-Straße, die das Vinschgau mit dem Veltlin oder, etwas großräumiger gedacht, Südtirol mit der Lombardei, verbindet. Tatsache ist, dass es sich hierbei um die dritthöchste Passstraße der Alpen überhaupt handelt, denn nur noch die Restefond-/Bonette- und die Iseran-Passstraße in den französischen Alpen können mit etwas mehr Höhenmetern aufwarten. Tatsache ist auch, dass es sich um die kehrenreichste Straße der Ostalpen – mit 48 Kehren auf der Südtiroler Seite und 31 Kehren hinunter nach Bórmio – handelt. Und diese Kehren, vorwiegend die auf der Südtiroler Seite, sind es dann auch, die die Motorradfahrer in zwei Lager teilen: Die einen geraten bei deren Erwähnung geradezu in Verzückung, die anderen winken ab und verzichten auf jede Wiederholung. Um die Probe aufs Exempel zu machen, fahre ich an einem sonnigen Sommertag von Spondinig auf schnurgerader Straße nach Prad, am Eingang des Trafoitales. In der kleinen Ortschaft Stilfser Brücke überquere ich den Suldenbach, erkenne weit zurück im Nordosten die schneebedeckte Spitze der Weißkugel, des zweithöchsten Berges der Ötztaler Alpen, und erreiche mit der ehemaligen Sperrfestung Gomagoi die erste größere Ortschaft des Tales.

Etwas Außergewöhnliches konnte ich an dieser Bergstrecke bis jetzt noch nicht entdecken, woran auch die erste Kehre nichts änderte, die mit der Numierung »48« versehen war. Etwas eng und steil ansteigend verlangt sie zwar eine exakte und konzentrierte Fahrweise, aber dies ist bei einer Vielzahl anderer Kehren im Alpenraum nicht anders.

Hinter Trafoi widme ich meine Aufmerksamkeit den Eisströmen und Hängegletschern, die hier von der dunklen und pyramidenförmig aufragenden Madatschspitze tief in den Boden des Trafoier Tales herunterziehen. Beim Gasthof »Weißer Knott« lege ich einen Halt ein und betrachte den majestätischen Ortler.

Weitere Kehren bringen mich zur Franzensfeste, nach Kaiser Franz I. von Österreich benannt, und von hier kann ich den Verlauf der Straße fast bis zur Passhöhe verfolgen.

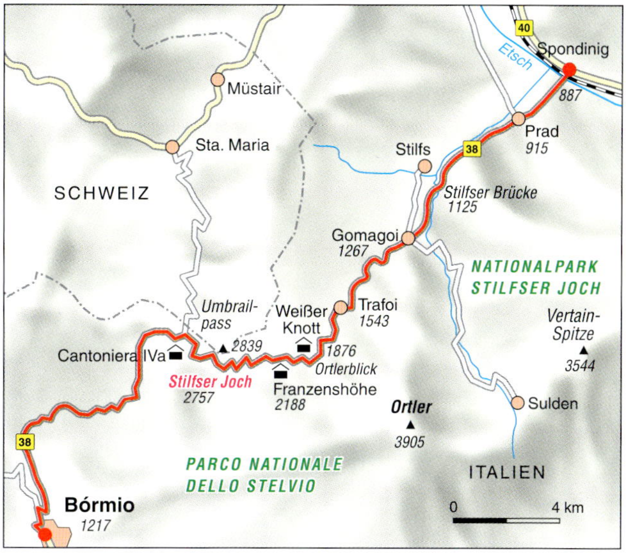

21 Kehren sind es noch bis dort hinauf und diese sind von anderem Kaliber als die bisherigen. Schon bei der Anfahrt ist der Kehrenverlauf nicht einzusehen, fast bis auf Schrittgeschwindigkeit muss ich herabbremsen, winkle die Maschine dann immer weiter nach unten, Fußrasten und Auspuff setzen auf und trotzdem muss ich am Gas bleiben, denn im Kurveninneren steigt die Trasse recht steil an. Mit kräftig schleifender Kupplung schwindle ich mich herum und bin froh, wieder ein gerades Stück vor mir zu haben.

Es fällt mir schwer, hier einen richtigen Fahrrhythmus zu finden, und wenn ich glaube, eine einigermaßen akzeptable Linie zu haben, macht mir in der nächsten Kehre ein Auto oder ein Schlagloch diese wieder zunichte. Dass es auch anders geht, zeigen mir einige einheimische Motorradfahrer, die wie an der Schnur gezogen Kehre um Kehre fast im Rennstil bewältigen.

Oben angelangt, bin ich zuerst einmal ziemlich geschafft und reihe mich spontan in das Lager der »Einmal-und-nie-wieder«-Befürworter ein. Eine gute Stunde später, nach der Bewältigung weiterer 31 Kehren, 7 unbeleuchteter Tunnels und Tunnelgalerien, zahlloser Schlaglöcher und rund 1500 Höhenmetern bei der Abfahrt ins Veltlin nach Bórmio, sieht die Sache schon wieder etwas anders aus.

Vorhergehende Doppelseite: Die Ostseite des Falzáregopasses in den Dolomiten

Links: 31 Kehren warten bei der Abfahrt über die Westseite des Stilfser Jochs durch das wildromantische Brauliotal hinunter nach Bórmio.

16 Alpenpässe in Italien
GÁVIAPASSSTRASSE

GÁVIAPASSSTRASSE

HÖCHSTER PUNKT
2612 m

AUSGANGSPUNKT
Nordseite: Bórmio, 1217 m
Südseite: Ponte di Legno, 1258 m

ANFAHRT
Nordseite: Der Ausgangspunkt Bórmio ist von Norden her am günstigsten über das Stilfser Joch zu erreichen (Tour 15). Alternativ von der Schweizer Seite vom Oberengadin nach Pontresina und über Berninapass – Livignopass – Eirapass – Foscagnopass nach Bórmio
Südseite: Brenner-Autobahn, Ausfahrt Bozen-Süd – Mendelpass – Fondo – Male – Dimaro – Tonalepass – Ponte di Legno oder aus der Schweiz vom Comer See durch das Veltlin über Sondrio – Apricapass – Edolo – Ponte di Legno

STRECKENLÄNGE
44 km

STRASENVERHÄLTNISSE
Die Nordseite ist nunmehr durchgehend asphaltiert und teilweise verbreitert. Die Südseite war bis vor kurzem noch Naturpiste, ist aber nun ebenfalls durchgehend asphaltiert. Die gefährliche Engstelle im oberen Bereich wurde durch einen Tunnel völlig entschärft. Bei Nässe der vielen Kurven, der starken Steigung und der teilweise schmalen Fahrbahn wegen dennoch schwierig zu befahren.
Max. Steigung Nordseite 16%, Südseite 16%

STRECKENVERLAUF
Bórmio – Uzzá – San Nicol – Sant'Antonio – Sta. Caterina Valfurva – Rifguio Plaghera – Rifugio A. Berni – Gáviapass – Sant' Apollonia – Ponte di Legno

PASSÖFFNUNGSZEITEN
1. Juli bis 15. Oktober

ANSCHLUSSTOUR
Von Ponte di Legno über den Tonalepass nach Dimaro zur Campo-Carlomagno-Passstraße (Tour 17)

SERVICESTELLEN
Honda; Yamaha, BMW, Kawasaki: Bozen, Meran; Suzuki: Trento

Was ist nur aus dem Gáviapass geworden, denke ich mir nach einer Fahrt über denselben in einem kleinen Straßencafé in Ponte di Legno. Vor vier Jahren bin ich den Gávia das letzte Mal gefahren, und was war das noch für ein Unterschied.

Damals hatte er noch seinen Ruf als einer der gefährlichsten Alpenpässe zu verteidigen, dessen Befahrung als absolute Mutprobe galt, der höchste Anforderungen an das Fahrkönnen stellte, und dem nur versierte, hochgebirgserprobte Fahrer gewachsen waren. Ich erinnere mich noch gut an die damalige Fahrt. Ganz so abschreckend, wie sie mir vorher geschildert worden war, war sie zwar auch wieder nicht, aber ein Großteil der Strecke war unbefestigt und mit Schlaglöchern und Felsbrocken übersät, die einen gehörig durchrüttelten. An einigen exponierten Felspassagen konnte es bei Gegenverkehr recht eng werden, und als ich zwischen Felswand und Abgrund an den Autos vorbeibalancierte, konnte ich mich eines unguten Gefühls nicht erwehren. In unangenehmer Erinnerung hatte ich einen besonders gruseligen Abschnitt im oberen Bereich, wo sich die Trasse kaum 3 Meter breit, mit einigen Holzlatten eher moralisch abgesichert, unmittelbar an der Felswand entlangschlängelte und auf der anderen Seite mehrere 100 Meter tief ins Valle delle Messi abstürzte.

Und heute? Die Gefahrenstellen sind beseitigt, die Nordseite ist nunmehr durchgehend asphaltiert und verbreitert und der gefährliche Abschnitt im oberen Bereich wurde durch einen neu gebauten Tunnel entschärft.

Auch die Südseite, bis vor kurzem teilweise noch Naturpiste, ist nunmehr gänzlich asphaltiert, Stollenreifen sind hier nicht mehr von Nutzen. Allenfalls die teilweise schmale Straße mit vielen engen Kurven und starkem Gefälle, bedarf einer vorsichtigen Fahrweise, besonders nach einem Regenguss.

Aber was ist geblieben? Nun, eine anspruchsvolle Streckenführung in landschaftlich einmaliger Umgebung, die wegen ihrer Abgeschiedenheit keinesfalls eine Sonntagnachmittag-Spazierfahrt darstellt. Geblieben sind auch die Gefahren des Hochgebirges, wie mir ein plötzlich einsetzendes Gewitter beweist, das mich von der Terrasse ins Innere des Cafés vertreibt.

Oben: Inzwischen ist der Gáviapass vollständig geteert.

Links: Ein Tunnel umgeht nun den Abschnitt über dem Valle delle Messi.

Linke Seite: Kurz vor der Passhöhe mit der Ortlergruppe im Hintergrund

17 *Alpenpässe in Italien*
CAMPO-CARLOMAGNO-PASSSTRASSE

CAMPO-CARLOMAGNO-PASS-STRASSE

HÖCHSTER PUNKT
1682 m

AUSGANGSPUNKT
Nordseite: Dimaro, 767 m
Südseite: Tione di Trento, 600 m

ANFAHRT
Nordseite: Brenner-Autobahn, Ausfahrt S. Michele a.A./Mezzocorona – Mezzolombardo – Dermulo – Cles – Male – Dimaro
Südseite: Brenner-Autobahn, Ausfahrt Bozen-Süd – Mendelpass – Fondo – Male – Dimaro oder Ausfahrt S. Michele a.A./Mezzocorona – Mezzolombardo – Dermulo – Cles – Male – Dimaro

STRECKENLÄNGE
50 km

STRASSENVERHÄLTNISSE
Gut ausgebaute Straße. Max. Steigung Nordseite 9%, Südseite 11%

STRECKENVERLAUF
Dimaro – Folgárido – Bar Belvedere – Campo-Carlomagno-Pass – Madonna di Campiglio – Sant'Antonio – Carisolo – Pinzolo – Giustino – Caderzone – Strembo – Mortaso – Spiazzo – Borzago – Pelugo – Vigo Rendena – Daré – Javrè – Villa Rendena – Tione di Trento

PASSÖFFNUNGSZEITEN
Ganzjährig befahrbar

SEHENSWÜRDIGKEITEN
Prachtvoller Brentablick bei Madonna di Campiglio; Vigiliuskirche in Pinzolo

ANSCHLUSSTOUR
Siehe Tour 16

Ich bin im Val di Sole, inmitten einer sanft geformten Wald- und Wiesenlandschaft, durchsetzt von ausgedehnten Obstgütern und zahlreichen Dörfern. In einem davon, Dimaro, befinde ich mich gerade und suche die Auffahrt zum Campo-Carlomagno-Pass. Gekommen bin ich aus dem Vinschgau, auf recht umständlichen, aber um so schöneren Wegen über das Stilfser Joch, den Gáviapass und zuletzt den Tonalepass. Ich möchte weiter zum Gardasee und könnte es mir einfacher machen, nämlich dem Val di Sole weiter abwärts folgen, dann durch das Nonstal ins Etschtal und auf die Autobahn. Aber ich möchte noch in der Bergwelt des Trentino bleiben, die sich hier mit der Adamello und Brentagruppe zu ihrem wohl schönsten Teil aufbaut und durch die Judikarischen Täler zuerst zum Lago di Ledro und von dort zum Gardasee zieht. Ich folge der Beschilderung »Folgárido/Madonna di Campiglio« und fahre in das Meledriotal ein. Bald nach dem Ort setzt eine Kehrengruppe ein und der Talboden bleibt rasch unter mir zurück. Kurz zeigt sich die Bergwelt des Stilfser Nationlparks im Norden, dann versperrt mir ein dichter Waldgürtel jede Aussicht. Kurvenreich geht es höher, vorbei an der Hotelansammlung von Folgárida, und beim »Restaurante Belvedere« zeigen sich erstmals die von tiefen Karen und Schluchten zerrissenen Felswände der Brentagruppe. Die ersten Ferienhäuser tauchen am Straßenrand auf und kurz danach deutet ein Schild die Passhöhe an, aber den schönsten Blick auf die Berge hat man etwas weiter unterhalb in Madonna di Campiglio.

Ob Kaiser Karl der Große, der Namensgeber des Passes, der auf einem seiner Feldzüge nach Italien hier durchzog, von der Umgebung auch so begeistert war, frage ich mich. Sicherlich hat er mit seinem Heer in einer der großen Mulden, die häufig anzutreffen sind, sein Lager aufgeschlagen, denn das Wort »brente« steht für »große Mulden«.

Auf breiter, gut ausgebauter Straße geht es abwärts, lange noch begleitet von den Felsmauern der Brenta. In Pinzolo werfe ich einen Blick in die San-Vigilio-Kirche, eines der bedeutendsten Kunstdenkmäler des Trentino, und folge dann dem Rendenatal, das bei Tione di Trento in einen weiten Talkessel einmündet.

Die Brentagruppe bildet eine herrliche Kulisse auf der Südseite des Passes.

Linke Seite: Geschichtsträchtig verläuft die Route über den Campo-Carlomagno-Pass: Hier zog einst Kaiser Karl der Große mit seinem Heer auf einem Feldzug nach Italien über die Alpen.

18 Alpenpässe in Italien
GAMPENPASSSTRASSE

GAMPENPASSSTRASSE

HÖCHSTER PUNKT
1518 m

AUSGANGSPUNKT
Nordseite: Meran, 302 m
Südseite: Fondo, 987 m

ANFAHRT
Nordseite: Entweder über Reschenpass, Timmelsjoch (Tour 7) oder Jaufenpass (Tour 20) nach Meran oder Brenner-Autobahn, Ausfahrt Bozen-Süd – Terlan – Postal – Meran
Südseite: Brenner-Autobahn, Ausfahrt Bozen-Süd – Mendelpass – Fondo

STRECKENLÄNGE
39 km

STRASSENVERHÄLTNISSE
Gut ausgebaute Straße. Max. Steigung Nordseite 9%, Südseite 8%

STRECKENVERLAUF
Meran – Marling – Tscherms – Lana – Tisens – Gasthaus Tschengg – Gfriller Hof – Bad Gfrill – Gasthaus »Alpenrose« – Gampenapss – Gasthof »Schönblick« – St. Felix – Fondo

PASSÖFFNUNGSZEITEN
Ganzjährig befahrbar

SEHENSWÜRDIGKEITEN
Landesfürstliche Burg, Zenoburg, Stadtmuseum und Laubengasse in Meran; Schnatterpeckaltar in der alten Pfarrkirche von Niederlana; Leonburg auf der Nordseite der Gampenpassstraße

ANSCHLUSSTOUR
Von Fondo über die Mendelpassstraße (Tour 19)

Endlich habe ich den richtigen Weg aus dem nervenden Verkehrsgewühl Merans mit den vielen Einbahnstraßen, die mich langsam an den Rand der Verzweiflung gebracht haben, zum Gampenpass gefunden. Viel Verkehr dennoch auch weiterhin auf den Ausfallstraßen im dichtbesiedelten Etschtal. In Lana, einer weitverzweigten Gemeinde aus mehreren Ortsteilen, wird es etwas ruhiger und ich beschließe, etwas für meine Bildung zu tun. Vor der Pfarrkirche Mariä Himmelfahrt in Niederlana parke ich meine Maschine und komme gerade rechtzeitig, um mit einer Busladung von Touristen aus dem Allgäu an einer Führung durch das spätgotische Gotteshaus teilnehmen zu können. Prunkstück ist der so genannte Schnatterpeckaltar, der als größter gotischer Schnitzaltar im gesamten Alpenraum gilt.

Durchaus beeindruckt verlasse ich die Kirche wieder und warte einige Minuten, bis sich meine Augen nach den dunklen Kirchenräumen wieder

an die Helligkeit gewöhnt haben. Dann folge ich der an den westlichen Berghängen ansteigenden Straße und erblicke nach der Durchfahrung zweier kurzer, unbeleuchteter Tunnels eine weitere Sehenswürdigkeit. Neben der Straße ragt in einmalig schöner Lage, hoch über dem Etschtal, die Leonburg empor. Sie ist eine der schönsten Burgen hier im so genannten Burggrafenamt, einem noch heute gebräuchlichen Begriff aus einer Zeit, als die Umgebung von Meran bis hinauf zum Gampenpass noch von Burggrafen regiert wurde, die auf Schloss Tirol über Meran residierten. Ich durchfahre zwei weitere Tunnels, erkenne tief unter mir den Höhenzug

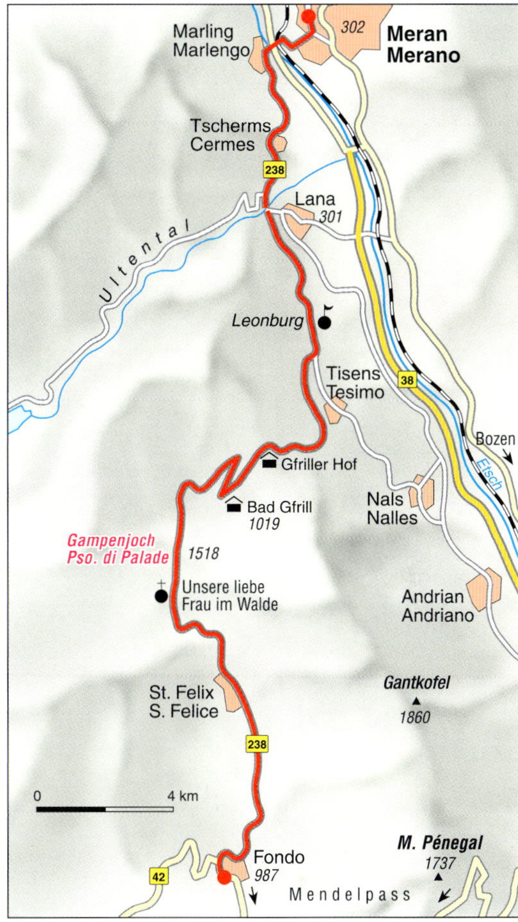

der Tisenser Mittelgebirgsstufe, ein uraltes Siedlungsgebiet zwischen dem Etschtal und dem dahinter aufsteigenden Mendelkamm, dann wendet sich die Trasse stärker ansteigend nach Westen in einen talartigen Abschnitt.

Beim »Alpenhotel Panorama« halte ich an und bewundere die beeindruckende Aussicht auf die Dolomiten, die sich in einer gezackten Gipfelkette vom Schlern über den Rosengarten bis zur Latemargruppe, über den bewaldeten Hügeln der gegenüberliegenden Talseite erheben.

Wenig später bin ich auf der Passhöhe, ein bewaldeter Einschnitt ohne größere Aussicht, und mache mich bereit zur Abfahrt hinunter ins obere Nonstal, um von dort gleich den Mendelpass (Tour 19) unter die Räder zu nehmen.

Die Leonburg, eine der schönsten Burgen Südtirols, auf der Nordseite des Gampenpasses

19 *Alpenpässe in Italien*
MENDELPASSSTRASSE

MENDELPASSSTRASSE

HÖCHSTER PUNKT
1363 m

AUSGANGSPUNKT
Ostseite: Kaltern, 426 m
Westseite: Fondo, 987 m

ANFAHRT
Ostseite: Brenner-Autobahn, Ausfahrt Bozen-Süd – Eppan – Kaltern oder Ausfahrt Egna/Ora – Tramin – Kaltern
Westseite: Brenner-Autobahn, Ausfahrt S. Michele a.A./Mezzocorona – Mezzolombardo – Dermulo – Fondo

STRECKENLÄNGE
26 km

STRASSENVERHÄLTNISSE
Auf der Ostseite viele enge, teils kopfsteingepflasterte Kehren (bei Nässe erhöhte Vorsicht). Im oberen Bereich auf der Ostseite Fahrbahnverengungen mit Ausweichen. Auf der Westseite kurvenarmer Verlauf mit leichten Belagschäden.
Max. Steigung Ostseite 10%,
Westseite 8%
Hinweis: Die Auffahrt zum Monte Pénegal ist vier Kilometer lang mit 9 Kehren und Steigungen bis 18%, teilweise Belagschäden

STRECKENVERLAUF
Kaltern – St. Nikolaus – Gasthaus »Kalterer Höhe« – Gasthof »Matschatsch« – Mendelpass – Malosco – Fondo

PASSÖFFNUNGSZEITEN
Ganzjährig befahrbar

SEHENSWÜRDIGKEITEN
Weinmuseum Kaltern; Aussichtsturm am Monte Pénegal

ANSCHLUSSTOUR
Von Fondo über die Gampenapssstraße (Tour 18)

SERVICESTELLEN
Siehe Tour 15

Die Nacht habe ich auf dem Zeltplatz am Kalterer See verbracht, oder besser gesagt auf dem Parkgelände davor, denn der Platz selbst war bis auf den letzten Quadratmeter belegt. Ein gutes Duzend Wohnmobile und Campingwagen musste ebenfalls hier draußen vorlieb nehmen. Und sie warteten nun darauf, auf einen frei werdenden Platz im Campinggelände nachrücken zu können. Es herrscht schon ein großer Auftrieb rund um den wärmsten Badesee der Alpen Anfang Oktober, der Zeit der Weinlese und Hauptreisesaison in dieser Region. Ein Pärchen aus München, mit dem ich beim Frühstück ins Gespräch komme, erzählte mir, dass sie in der ganzen Umgebung kein freies Zimmer für eine Nacht bekommen konnten und deshalb die Nacht im Auto verbringen mussten.

Auch eine Art seinen Urlaub zu verbringen, denke ich, und verlasse mit den ersten wärmenden Sonnenstrahlen den nicht allzu gastlichen Ort. Schon in den Morgenstunden herrschte viel Verkehr auf den Straßen um den See und ich reihe mich hinter einem der kleinen Traktoren ein, die nicht nur einen Anhänger voll Weinreben, sondern auch eine ganze Schlange von Touristenautos hinter sich herziehen.

Eigentlich wollte ich hier auf der Südtiroler Weinstraße, der »Strada del Vino«, noch bis Eppan weiterfahren und dort über eine besser ausgebaute Trasse die Auffahrt zum Mendelpass beginnen, aber angesichts des dichten Verkehrs zweige ich schon in Kaltern-Dorf von der Hauptstraße ab.

Stark ansteigend zieht die Straße durch den Ortskern und auf der Heppenheimer Straße, benannt nach einer Partnerstadt, komme ich nach St. Nikolaus. Kurz nach dem Ort, mit dem auffallenden Schindeldach seiner Kirche, treffe ich auf die von Eppan heraufführende Straße und folge einer wunderschönen Kehrenstrecke durch Mischwald, dessen Blätter jetzt im Herbst in allen Farben leuchten.

Plötzlich verengt sich die Trasse, wird fast einspurig mit Ausweichen am talseitigen

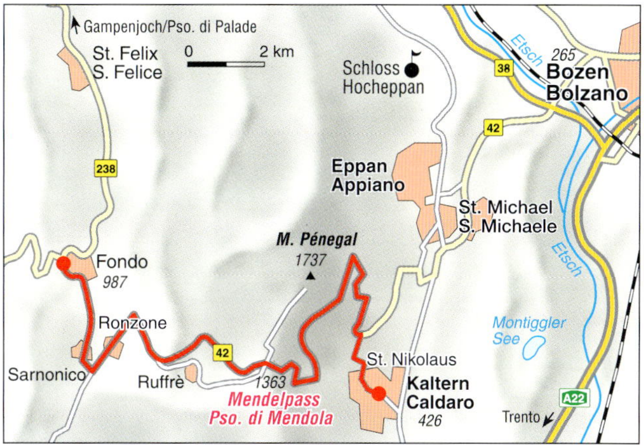

Fahrbahnrand, während bergseitig glatter Fels zu Tage tritt. Hier musste der Weg in den Fels gesprengt werden und ich bin froh, als ich diesen engen Abschnitt hinter mir habe und ein Schild mit der Aufschrift »9 Kehren« wieder Fahrspaß vermittelt.

Auf der Passhöhe lasse ich mir die vier Kilometer lange Stichstraße hinauf zum Monte Pénegal nicht entgehen. Nervenkitzel bietet dort oben ein gut 20 Meter hoher Aussichtsturm, der baufälliger aussieht als er tatsächlich ist und meinen Mut mit einem weitreichenden Panoramarundblick belohnt.

Auf der Ostseite des Mendelpassses wechseln schön geschwungene Kehren mit engen, unübersichtlichen Kurvenverläufen ab.

20 *Alpenpässe in Italien*
JAUFENPASSSTRASSE

JAUFENPASSSTRASSE

HÖCHSTER PUNKT
2094 m

AUSGANGSPUNKT
Ostseite: Sterzing, 948 m
Westseite: St. Leonhard in Passeier, 693 m

ANFAHRT
Ostseite: Brenner-Autobahn, Ausfahrt Vipiteno/Sterzing
Westseite: Landeck – Reschenpass – Meran- St. Leonhard oder Brenner-Autobahn, Ausfahrt Bozen-Süd – Terlan – Burgstall – Meran – St. Leonhard

STRECKENLÄNGE
40 km

STRASSENVERHÄLTNISSE
Ostseite mit neuem Belag in gutem Zustand; auf der Westseite Fahrbahnverengungen (teilweise Ausweichen), enge Kehren sowie vor allem im oberen Bereich Belagschäden. Max. Steigung Ostseite 10%, Westseite 12%

STRECKENVERLAUF
Sterzing – Gasteig – Kalch – Jaufenhaus – Jaufenpass – Panoramahütte – Gasthaus »Enzian« – Innerwalten – Gasthaus »Edelweiß« – Walten – Jaufenburg/Sonnenberg – St. Leonhard in Passeier

PASSÖFFNUNGSZEITEN
1. Mai bis 31. November

SEHENSWÜRDIGKEITEN
Altstadt, Rathaus und Stadtturm (»Zwölferturm«) in Sterzing; Andreas-Hofer-Quartier im Gasthof »Jägerhof« in Kalch; Andreas-Hofer-Geburtshaus, Gasthof »Sandwirt« in St. Leonhard

ANSCHLUSSTOUR
Von St. Leonhard über die Timmelsjoch-Hochalpenstraße (Tour 7) oder von Sterzing über die Penser-Joch-Straße (Tour 21)

SERVICESTELLEN
Siehe Tour 15

Unglaublich, denke ich, so viele Radfahrer auf einmal habe ich noch nie gesehen. Ich bin am Jaufenpass unterwegs und seit Sterzing reißt der Strom der Pedalisten mit ihren bunten Trikots auf den chromblinkenden Rennrädern nicht ab. Nun gut, Radler sind auf den Alpenpässen ein gewohntes Bild, aber meist sind es nur eizelne, die diese schweißtreibende Art der Fortbewegung bevorzugen, aber hier müssen es Hunderte, wenn nicht gar Tausende sein.

Später, an einer Verpflegungsstation am Jaufenhaus, erfahre ich dann, dass heute eine Radtouristikveranstaltung stattfindet, die über die vier Pässe Brenner, Jaufen, Timmelsjoch und Kühtaisattel verläuft, bei der mehr als 1500 Teilnehmer eine Strecke von 230 Kilometern und 5500 Höhenmeter zu schaffen haben. Für mich eine schier unglaubliche Leistung, denn die Bewältigung einer solchen Strecke wäre schon mit dem Motorrad keine ganz einfache Sache.

Gekommen bin ich allerdings um Andreas Hofer, dem legendären Tiroler Freiheitskämpfer meine Aufwartung zu machen, dessen Spuren hier zu finden sind. Im Gasthaus »Jägerhof« in Kalch, der einzigen Ansiedlung auf

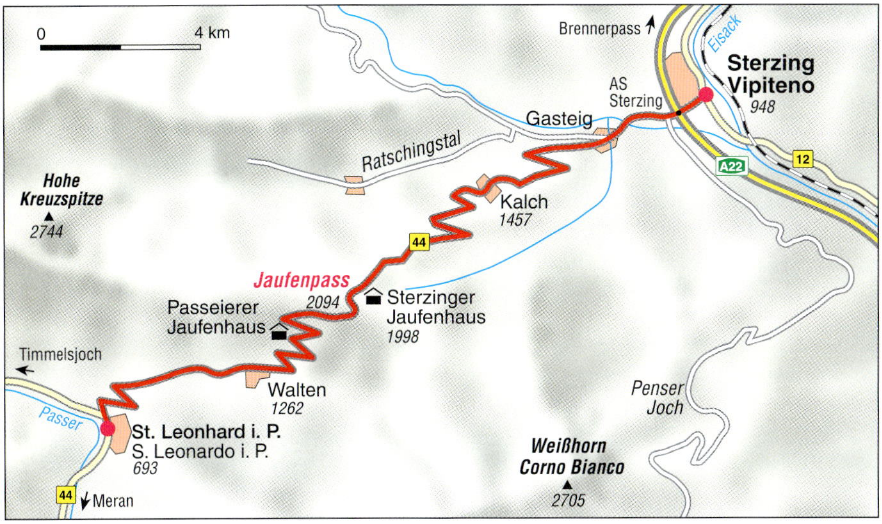

der Nordrampe, hielt er mit seinen Gefolgsleuten Kriegsrat, bevor er am 9. Mai bei Sterzing die französischen Besatzer in die Flucht schlug. Damals verlief hier höchstens ein staubiger Karrenpfad, heute bin ich über den neuen Belag der Nordstrecke, die ich von früheren Fahren noch in ganz anderer Erinnerung habe, positiv überrascht.

Am Jaufenpass überwinde ich in zwei großzügig angelegten Kehren den Gipfelhang und genieße das Panorama der Texelgruppe im Süden. Die Abfahrt gehe ich vorsichtig an, zum einen wegen des wieder schlechter werdenden Straßenbelags, zum anderen der vielen Radler wegen, die in halsbrecherischem Tempo die engen Kehren und vielen Kurven nach St. Leonhard im Passeiertal hinabjagen.

Dort ziehen sie zum Timmelsjoch hoch, während ich den entgegengesetzten Ortsausgang wähle, wo ich mit einer Einkehr im Wirtshaus »Sandhof«, der Geburtsstätte Andreas Hofers, die Tour über den Jaufenpass abschließe.

Blick von der Jaufenpasshöhe auf die Texelgruppe im Westen

Linke Seite: Netze sollen im Scheitelbereich des Jaufenpasses die Steinschlaggefahr mindern.

21 *Alpenpässe in Italien*
PENSER-JOCH-STRASSE

PENSER-JOCH-STRASSE

HÖCHSTER PUNKT
2211 m

AUSGANGSPUNKT
Nordseite: Sterzing, 948 m
Südseite: Bozen-Süd, 265 m

ANFAHRT
Nordseite: Brenner-Autobahn, Ausfahrt Bipiteno/Sterzing
Südseite: Brenner-Autobahn, Ausfahrt Bozen-Süd

STRECKENLÄNGE
70 km

STRASSENVERHÄLTNISSE
Auf der Nordseite einige Fahrbahnverengungen mit Verkehrsspiegel an unübersichtlichen Stellen. Im oberen Bereich leichte Belagschäden.
Auf der Südseite 22 teils unbeleuchtete Tunnel und Fahrbahnverengungen mit Verkehrsspiegel an unübersichtlichen Stellen. Im oberen Bereich leichte Belagschäden.
Max. Steigung Nordseite 12%, Südseite 13%

STRECKENVERLAUF
Sterzing – Egg – Penser Joch – Pens – Weißenbach – Hotel »Alpenrose« – Astfeld – Nordheim – Sarnthein – Bundschen – Gasthaus »Halbweg« – Schloss Runkelstein – Bozen

PASSÖFFNUNGSZEITEN
15. Mai oder 1. Juni bis 31. Oktober

SEHENSWÜRDIGKEITEN
Burg Reifenstein bei Sterzing; Kirche St. Cyprian in Sarnthein; Schloss Runkelstein bei Bozen; Dom mit Denkmal Walther von der Vogelweide, Amtshaus Kaiser Maximilian I., Schloss Maretsch und Stadtmuseum in Bozen

ANSCHLUSSTOUR
Von Bozen entweder nach Blumau zur Nigerpassstraße (Tour 22) nach Karneid zur Karerpassstraße (Tour 23) oder nach Kaltern zur Mendelpassstraße (Tour 19). Von Sterzing über die Jaufenpassstraße (Tour 20)

SERVICESTELLEN
Siehe Tour 15

Als ich die verbaute Peripherie von Bozen mit ihren unansehnlichen Wohnblöcken hinter mir habe und an der Talfer entlang Richtung Penser Joch fahre, glaube ich meinen Augen nicht zu trauen. Selbst im burgenreichen Südtirol gilt die Lage von Burg Runkelstein, die sich auf einem nach allen Seiten glatt und senkrecht abstürzenden Felsblock spektakulär aus dem steinigen Talferbett erhebt, als einmalig. Sofort stoppe ich und halte nach einem geeigneten Fotopunkt Ausschau, als ein Ducati-Monster-Fahrer seinem Namen gar keine Ehre macht, sondern sich statt dessen freundlich als Motiv anbietet. Glück gehabt!

Meine Einladung zu einem alkoholfreien Getränk im Inneren der Burg muss er aus Zeitgründen leider ablehnen und so betrete ich den Schlosshof standesgemäß über eine alte Zugbrücke. Die Innenräume der Burg können im Rahmen einer Führung ebenfalls besichtigt werden, aber die nächste ist leider erst um 15 Uhr und so lange reicht nunmehr meine Zeit nicht, denn der Weg über das Penser Joch ist doch recht lang.

Also steige ich wieder auf meine Maschine und befinde mich gleich darauf in einer Szenerie von grandioser und wilder Schönheit. Kaum Platz scheint die Straße zwischen den senkrechten und spiegelglatten Felswän-

den zu haben und nicht weniger als 24 Tunnels und unzählige Felssprengungen waren notwendig, um hier eine Trasse von Bestand zu schaffen.

So schön dieser Abschnitt auch ist, bin ich doch froh, als ich ihn beim Gasthof »Halbweg« hinter mir habe. Die Tunnel sind nur spärlich, teilweise gar nicht beleuchtet, und auch die Trasse ist schmal und teilweise sehr unübersichtlich. In Halbweg, so genannt, weil hier früher die Pferde der Postkutschen auf halbem Weg nach Sarntheim gewechselt wurden, weitet sich das Tal etwas, aber grüne Wiesen empfangen mich erst wieder in Sarnthein.

Hier lege ich eine Rast ein, im Gasthof »Zum Hirschen«, wo ich in einer Gaststube mit einer uralten, äußerst kunstvoll gearbeiteten Balkendecke tafle. Die Passhöhe, die ich nach weiteren 30 km errreiche, bietet dage-

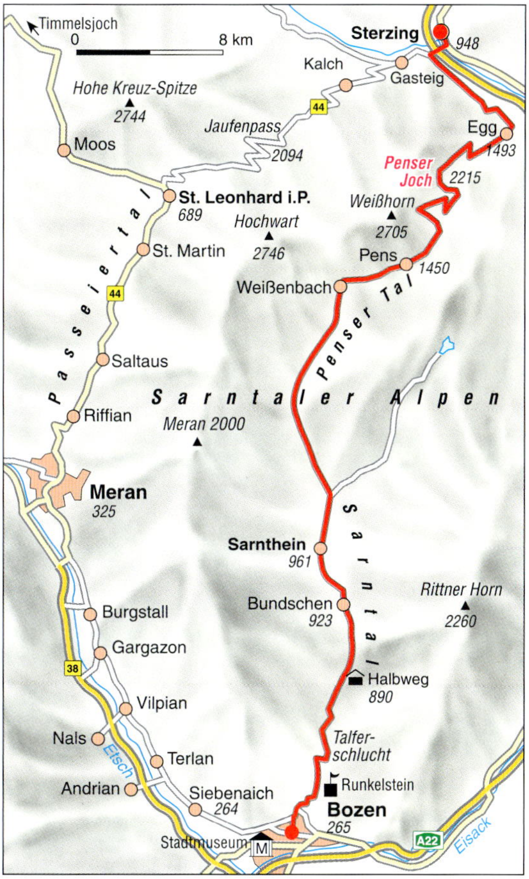

gen keine Besonderheiten und auch die Aussicht ist eher begrenzt. Ich verlasse sie bald und bin wenig später im Eisacktal, das sich mit der Burg Reifenstein ankündigt.

Burg Runkelstein am Beginn der Auffahrt über die Südseite des Penser Jochs

Linke Seite: Tief unten öffnet sich der Blick auf das weite Eisacktal mit der Burg Reifenstein.

22 Alpenpässe in Italien
NIGERPASSSTRASSE

NIGERPASSSTRASSE

HÖCHSTER PUNKT
1774 m

AUSGANGSPUNKT
Ostseite: Einmündung in die Karerpassstraße, 1700 m
Westseite: Blumau, 305 m

ANFAHRT
Ostseite: Canazei – Pozza di Fassa – Karerpas – Abzweigung Niger-Passstraße
Westseite: Brenner-Autobahn, Ausfahrt Bozen-Nord – Blumau

STRECKENLÄNGE
26 km

STRASSENVERHÄLTNISSE
Von Blumau bis Tiers teilweise schmale Straße mit Fahrbahnverengungen (Ausweichen). Unübersichtliche Kurven, teilweise mit Verkehrsspiegeln. Ab Tiers guter Ausbauzustand. Max. Steigung Ostseite 8%, Westseite 24%

STRECKENVERLAUF
Einmündung in die Karerpassstraße – Tscheinerhütte – Nigerpass – Nigerhütte – St. Cyprian – Tiers – Gasthof »Manötsch« – Gasthaus »Stern« – Gasthaus »Halbweg« – Blumau

PASSÖFFNUNGSZEITEN
Ganzjährig befahrbar

SEHENSWÜRDIGKEITEN
Kapelle St. Cyprian bei Tiers

ANSCHLUSSTOUR
Von der Einmündung in die Karerpassstraße über den Karerpass (Tour 23). Von Blumau nach Bozen und zur Penser-Joch-Straße (Tour 21)

Eine sagenhafte Sache ist er ja schon, der Nigerpass in den Dolomiten. Zum einen ist er nämlich sagenhaft steil, bis zu 24% und damit die steilste Passstraße in den Dolomiten, zum anderen ranken sich einige schöne Sagen um ihn – aber dazu später.

Zuerst suche ich in dem kleinen Ort Blumau, bei Bozen im Eisacktal gelegen, die Abzweigung nach »Brie/Breien« und folge dieser. Eine tiefe, enge Schlucht aus rötlich schimmernden Porphyrfelsen empfängt mich, durch die sich die schmale, kaum randgesicherte Straße, nach oben windet. An besonders unübersichtlichen Stellen warnen Spiegel vor möglichem Gegenverkehr, aber der ist hier ohnehin eher selten. Es sind nicht allzuviele Touristen, die sich hierher verirren, zumal dieser Abschnitt nunmehr auch durch eine neugebaute Trasse nach Tiers umgangen werden kann.

Ich aber habe ihn extra gewählt und warte nun nach einem kurzen Abschnitt mit 20% Steigung, der kaum angesetzt, schon überwunden war, auf das endgülige Steigungsstück. Die Schlucht geht zurück, Wiesen tun sich auf, ich rechne schon nicht mehr damit, bis ich fast den Motor abwürge. So

unvermittelt steilt sich die Trasse auf, dass es mir fast nicht mehr gelingt, durch Herunterschalten genügend Grip auf den Hinterradreifen zu bringen. Im obersten Drehzahlbereich bringe ich diesen fast drei Kilometer langen Abschnitt hinter mich und bin dann recht froh, als vor mir das Dorf Tiers auftaucht und die hier einmündende neue Trasse wieder ein normales Fahrgefühl ermöglicht.

Hinter Tiers windet sich die Straße noch einmal kurz 20% Steigung erreichend durch das Purgamentschtal kurven- und kehrenreich hinauf zur Nigerhütte, zu Füßen des sagenumwobenen Rosengartens, dessen höchste Erhebung knapp 3000 Meter erreicht. Vom Wirt erfahre ich, dass dort oben einst Laurin, der König der Zwerge, gelebt haben soll. Obwohl durch eine Tarnkappe unsichtbar, unterliegt er doch im Kampf mit Dietrich von Bern und dessen Recken und wird als Gefangener nach Bern gebracht. Dort empfängt er die Taufe, schließt mit Dietrich den Freundschaftsbund und darf wieder in sein Reich zurückkehren.

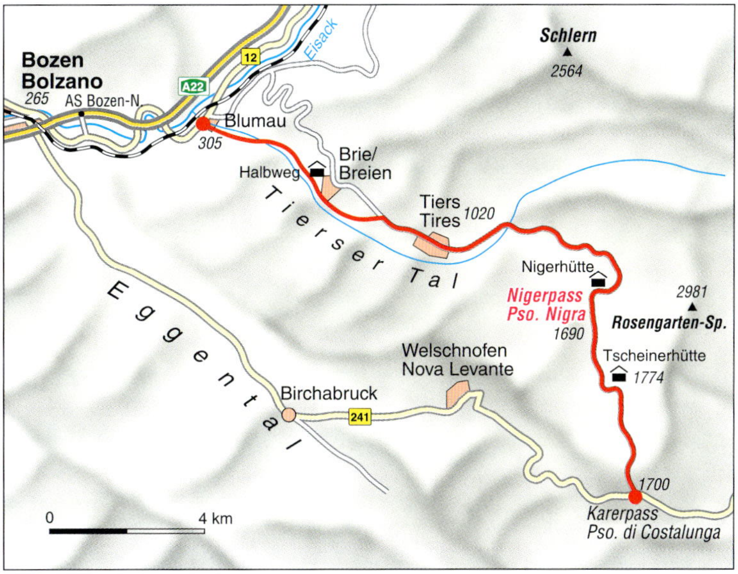

In den Felswänden der Rosengartengruppe soll einst Laurin, der König der Zwerge, gelebt haben.

Linke Seite: Das Kirchlein von St. Cyprian zu Füßen der Rosengartengruppe.

23 Alpenpässe in Italien
KARERPASSSTRASSE

KARERPASSSTRASSE

HÖCHSTER PUNKT
1752 m

AUSGANGSPUNKT
Ostseite: San Giovanni im Fassatal, 1382 m
Westseite: Kardaun, 290 m

ANFAHRT
Ostseite: Canazei – Pozza di Fassa – San Giovanni im Fassatal
Westseite: Brenner-Autobahn, Ausfahrt Bozen-Nord – Kardaun

STRECKENLÄNGE
37 km

STRASSENVERHÄLTNISSE
Von Engstellen in Vigo di Fassa und Kardaun abgesehen, gut ausgebaute Straße. Max. Steigung Ostseite 10%, Westseite 16%

STRECKENVERLAUF
San Giovanni – Vigo di Fassa – Vallonga – Hotel »Edelweiß« – Karerpass – Hotel »Schloss Latemar« – Karersee – Welschnofen – Birchabruck – Gasthaus »Stern« – Gasthaus »Zur Sonne« – Restaurant »Wasserfall« – Kardaun

PASSÖFFNUNGSZEITEN
Ganzjährig befahrbar

SEHENSWÜRDIGKEITEN
Johanniskirche, Giulianakirche und Talmuseum in Vigo di Fassa; Karersee; Eggentaler Schlucht

ANSCHLUSSTOUR
Von San Giovanni im Fassatal nach Canazei und von dort entweder über Sellajochstraße (Tour 25), Pordoijochstraße (Tour 26) oder Fedáiapassstraße (Tour 28)

Der Karerpass, der gleich östlich von Bozen seinen Verlauf nimmt, ist für mich das Eintrittstor in die Dolomiten. Er ist auch der erste Pass im Verlauf der »Großen Dolomitenstraße«, die hier ebenfalls ihren Anfang nimmt und über Karerpass, Pordoijoch und Falzáregopass mitten durch den zentralen Teil der Dolomiten nach Cortina d'Ampezzo führt. Ende Juni 1959 feierte diese Straße ihren 50-jährigen Bestand und gehört somit nicht nur zu den ältesten, sondern ihrer Routenführung wegen zu den schönsten Straßenzügen der Dolomiten.

Hinter Bozen überquere ich den Eisack, erreiche auf der viel befahrenen alten Staatsstraße die Ortschaft Karneid und biege in das Eggental ein. Von den Schönheiten der Dolomiten ist hier allerdings noch nichts zu verspüren. Staubiger, rötlicher Porphyrfels drängt sich links und rechts zusammen, lässt kaum einen Sonnenstrahl nach unten zur Straße durch, die über dem wildschäumenden Karneidbach über Brücken, durch Galerien und

unter überhängenden Felsen hindurch in den Fels gesprengt werden musste. Aber bald ist die enge Talstufe überwunden und vor mir eröffnet sich eine riesige Felsarena mit den in der Sonne leuchtenden Kalktürmen des Latemarmassivs und der Rosengartengruppe. Durch mehrere Tunnels und Galerien erreiche ich das Pfarrdorf Welschnofen, wo der Sage nach einst die Dirlinger gewohnt haben sollen, die oft mit den vom Latemar herunterkommenden Riesen gekämpft haben sollen. Ich

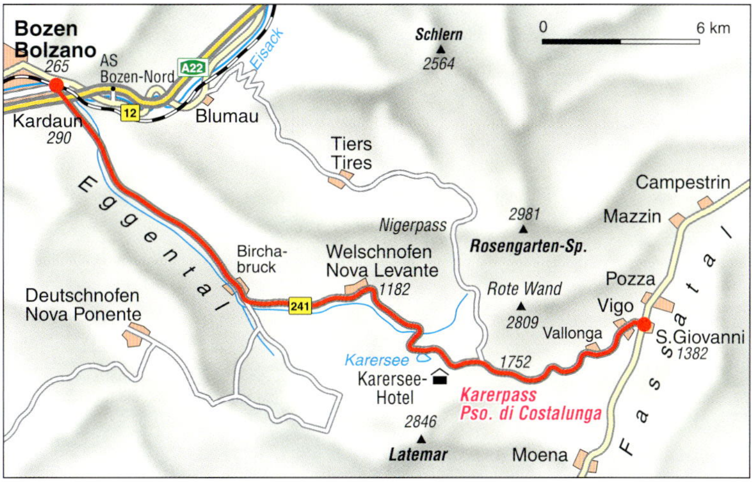

sehe weder Dirlinger noch Riesen, nur jede Menge Touristen und stoppe erst wieder am Karersee.

Der positive Gesamteindruck wird nur etwas durch die Gebühr getrübt, die für das Abstellen der Maschine auf dem Parkplatz verlangt wird, dann knipse ich noch ein Erinnerungsfoto und die Straße hat mich wieder. Die Straße windet sich hinauf zum Einschnitt der Passhöhe, die hier Passo di Costalunga genannt wird und gleichzeitig die Sprachgrenze zwischen Deutsch und Italienisch bildet. Im Italienischen liegen dann 10 kurvenreiche Kilometer ohne besondere landschaftliche Attraktionen hinunter nach San Giovanni im Fassatal vor mir.

Die Latemargruppe, diesmal kurz vor der Passhöhe aus gesehen

Linke Seite: Der Karersee zu Füßen der Latemargruppe – einer der berühmtesten Bergseen der Alpen

24 *Alpenpässe in Italien*
GRÖDNER-JOCH-STRASSE

GRÖDNER-JOCH-STRASSE

HÖCHSTER PUNKT
2137 m

AUSGANGSPUNKT
Ostseite: Corvara, 1568 m
Westseite: Anschlussstelle Chiusa/Val Gardena der Brenner-Autobahn, 550 m

ANFAHRT
Ostseite: St. Lorenzen bei Bruneck im Pustertal – Zwischenwasser – Pedratsches – Corvara oder Cortina d'Ampezzo – Falzáregopass – Valparolapass – St. Kassian – Stern/La Villa – Corvara
Westseite: Brenner-Autobahn, Ausfahrt Chiusa/Val Gadena

STRECKENLÄNGE
42 km

STRASSENVERHÄLTNISSE
Von leichten Belagschäden im Bereich der Passhöhe abgesehen, gut ausgebaute Straße.
Max. Steigung Ostseite 12%, Westseite 14%

STRECKENVERLAUF
Corvara – Kolfuschg – Bar Mesoles – Grödner Joch – Restaurant »Gerard« – Hotel »Miramonti« – Plan de Gralba – Wolkenstein – St. Christina – La Pozza – St. Ulrich – Pontives – Lajen – Anschlussstelle Chiusa/Val Gardena der Brenner-Autobahn

PASSÖFFNUNGSZEITEN
Ganzjährig befahrbar

SEHENSWÜRDIGKEITEN
Burgruine Wolkenstein; Heimatmuseum, Lokomotive der Grödner Schmalspurbahn und Friedhof mit Luis-Trenker-Grab in St. Ulrich

ANSCHLUSSTOUR
Von Corvara zur Campolungo-Passstraße (Tour 27) oder von der Abzweigung beim Hotel »Miramonti« vor Wolkenstein zur Sellajochstraße (Tour 25)

SERVICESTELLEN
Siehe Tour 15

Unter den vielen Dolomitentälern ist das Grödner Tal sicherlich das bekannteste. In erster Linie ist dies wohl dem Umstand zu verdanken, dass es wohl den verkehrsgünstigsten Zugang vom Eisacktal mitten hinein in den schönsten Teil der Dolomiten darstellt, die Bilderbuchlandschaft um die Langkofel- und Sellagruppe.

Außer mir scheinen heute noch einige Kraftfahrer die Schönheiten dieses Tales aufsuchen zu wollen, und so dauert es geraume Zeit, bis ich zur Mautstelle an der Anschlussstelle Klausen/Chiusa vorrücken und die Autobahn verlassen kann. Über Windungen und durch einige Tunnel steigt die Straße an. Unter mir bleibt Klausen mit dem Kloster Säben zurück, während mich auf der gegenüberliegenden Talseite noch die Weinhänge von Villanders und Barbian begleiten.

Scharf wendet sich die Trasse nun ins Grödner Tal, oberhalb von Waidbruck erkenne ich die Trostburg und über den bewaldeten Hängen um mich lugen mit den zackigen Schlernspitzen bereits die ersten Dolomitengipfel hervor. Bei den Kalköfen von Inner-Pontifes durchfahre ich einen ebenen Talfleck, der auch »Pforte Ladiniens« genannt wird, da hier das La-

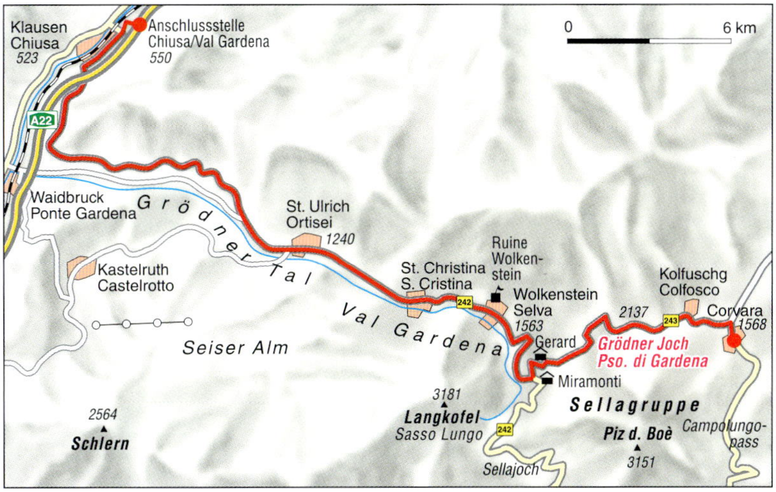

dinische Sprachgebiet beginnt.

Mit St. Ulrich erreiche ich den Hauptort des Val Gherdëina, wie das Grödner Tal im Ladinischen genannt wird. Alleine seiner schönen Lage wegen, inmitten einer von Wäldern umgebenen Talweitung, überragt vom ungeheuren Felsturm des Langkofels, wäre er bereits einen Aufenthalt wert, von seinen vielen Restaurants und Geschäften gar nicht zu sprechen, aber die vielen Touristen hier vertreiben mich gleich wieder.

Für St. Christina, der nächsten Ortschaft, die ich anfahre, gilt das gleiche. Auch hier viel Trubel und Hektik und ich bin froh, das Ortsende hinter mir lassen zu können, denn auf der Strecke selbst ist es ruhiger. Vor Wolkenstein erkenne ich rechter Hand die Fischburg, die in den Jahren 1622 bis 1641 von Engelhard Dietrich von Wolkenstein Trostburg erbaut wurde. Mitte des 19. Jahrhunderts wurde aus der Burg ein Armenhaus, bis sie später wieder in privaten Besitz kam. Heute ähnelt sie eigentlich mehr einem burgartig befestigten Wohngebäude.

In Wolkenstein lege ich eine längere Pause ein. Es ist der oberste Ort der Talschaft und mit der Gemeinde Plan zusammengewachsen. Äußerst reizvoll liegt er ausgebreitet zwischen Wiesen, umgeben von einem Kranz von Bergriesen, die sich von den Geislerspitzen über das Sellamassiv bis zum Langkofel ziehen. Beim Bummeln fallen mir besonders die Geschäfte mit den Holzschnitzereien auf, eine der Haupteinnahmequellen des Grödner Tales. Die Bildschnitzer und Holzbildhauer des Grödner Tales haben eine lange Tradition, die bis in das 17. Jahrhundert zurückreicht, und ihre Arbeiten genießen Weltruf. Die größeren und schönsten Stücke würden allerdings meine Reisekasse bei weitem übersteigen, außerdem hätten sie keinen Platz in meinem Tankrucksack, und so begnüge ich mich mit einigen Ansichtskarten im Souvenir-Shop gegenüber.

Hinter Wolkenstein dominieren die Berge. Prächtig rückt das Langkofelmassiv ins Visier, eine der gewaltigsten Wände der Dolomiten, mehr als zwei Kilometer lang und beinahe 1000 Meter hoch, scheint es förmlich aus dem Boden zu wachsen. Beim Hotel »Miramonti« ist es dann fast ein Katzensprung hinauf zum Grödner Joch, kaum 6 km und nicht einmal 250 Höhenmeter liegen noch vor mir, bis ich meine Maschine vor dem stattlichen Grödner-Joch-Hospiz parke. Prächtig ist die Aussicht von hier oben auf Langkofel und Schlern im Westen, die Tschierspitzen im Norden und Teile des Sellastocks mit Murfreitspitze und Murfreittürmen.

Wie eine Festung aus Stein mit uneinnehmbaren Mauern, Zinnen und Türmen wirkt das gewaltige Sellamassiv von der Grödner-Joch-Straße aus.

Linke Seite: Kurz vor der Abfahrt von der Passhöhe auf der Westseite des Grödner Jochs

25 Alpenpässe in Italien
SELLAJOCHSTRASSE

SELLAJOCHSTRASSE

HÖCHSTER PUNKT
2240 m

AUSGANGSPUNKT
Nordseite: Wolkenstein, 1563 m
Südseite: Einmündung in die Pordoijochstraße oberhalb von Canazei, 1802 m

ANFAHRT
Nordseite: Brenner-Autobahn, Ausfahrt Chiusa/Val Gardena – St. Ulrich – St. Christina – Wolkenstein
Südseite: Brenner-Autobahn, Ausfahrt Bozen-Nord – Karerpass – Pozza di Fassa – Canazei oder Cortina d'Ampezzo – Falzáregopass – Arabba – Pordoijoch – Abzweigung vor Canazei

STRECKENLÄNGE
15 km

STRASSENVERHÄLTNISSE
Im allgemeinen gut ausgebaute Straße, jedoch vor allem im Bereich der Passhöhe Belagschäden. Auf der Südseite einige kopfsteingepflasterte Kehren (bei Nässe erhöhte Vorsicht).
Max. Steigung Nordseite 9%,
Südseite 11%

STRECKENVERLAUF
Wolkenstein – Plan de Gralba – Hotel Miramonti – Rifugio Passo Sella – Sellajoch – Rifugio Pian Schiavaneis – Rifugio Monte Palladi – Einmündung Pordoijochstraße

PASSÖFFNUNGSZEITEN
Ganzjährig befahrbar

SEHENSWÜRDIGKEITEN
Burgruine Wolkenstein; Bergsturzgebiet »Steinerne Stadt« auf der Nordseite kurz unterhalb der Passhöhe

ANSCHLUSSTOUR
Von der Abzweigung beim Hotel Miramonti vor Wolkenstein zur Grödner-Joch-Straße (Tour 24) oder von der Einmündung in die Porodijochstraße oberhalb von Canazei über das Pordoijoch (Tour 26)

Von den vielen Passübergängen in den Dolomiten gilt das Sellajoch als der schönste. Von Wolkenstein, der obersten Ortschaft des Grödner Tales, breche ich deshalb auf, um diese Behauptung auf ihre Richtigkeit hin zu überprüfen. Eigentlich ist es ja nur ein Katzensprung von hier bis zur Passhöhe, nicht einmal zehn Kilometer, und so lasse ich mir Zeit zum Betrachten der Umgebung.

Reizvoll liegt die mit den etwas taleinwärts gelegenen Häusern von Plan fast zusammengewachsene Ortschaft in einem lang gestreckten Wiesenboden zu Füßen der Geislergruppe. Unter den gelbroten Felswänden der Steviolawand kann ich bei genauerem Hinschauen die Ruine der Burg Wolkenstein erkennen, die dem Ort seinen Namen gegeben hat. Sie stammt aus dem frühen Mittelalter und gehörte um 1240 Heinrich von Kastelruth, bevor sie um 1300 in Besitz Randolts von Villanders überging, dem Stammvater der Familie Wolkenstein.

Über eine Kehre verlasse ich Wolkenstein, und vorbei an der Talstation der Seilbahn zum Piz Sella bei Plan de Gralba, komme ich zur Straßenkreuzung beim Hotel Miramonti, wo nach links die Straße zum Grödner Joch abzweigt. Ich folge der Auffahrt zum Sellajoch unterhalb der Westseite des gleichnamigen Bergstocks, der mit seinen mauerglatten, schwarzgestriemten Wänden und vorspringenden Türmen im oberen Teil von einem weicheren Gesteinsband durchzogen, einer massiven, drohenden Felsburg ähnlich sieht.

Das Gegenstück auf der anderen Talseite bildet die Ostwand des Langkofels, eine der gewaltigsten Dolomitenwände überhaupt, fast 1000 Meter hoch und zwei Kilometer breit.

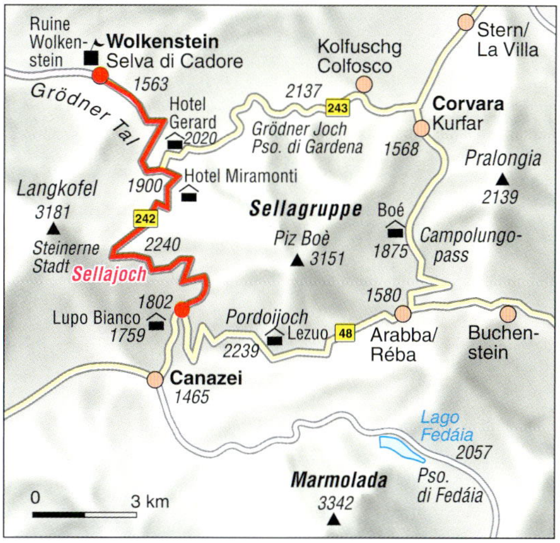

So wenig Verkehr findet man auf der Sellajochstraße, die als die schönste Passstraße in den Dolomiten gilt, nur im Frühjahr und im späten Herbst.

Da die Straße nicht in allerbestem Zustand ist, widme ich ihr nun wieder mehr Aufmerksamkeit, bis in der obersten Kehrengruppe die riesigen Felsblöcke der »Steinernen Stadt«, einem gewaltigen Bergsturzgebiet meinen Blick wieder auf sich ziehen. Wenig später bin ich auf der Passhöhe und parke beim gleichnamigen Rifugio. Da mir hier zu viel Trubel ist, wandere ich einige Minuten zum Gasthof »Valentini« hoch und bestaune hier die Aussicht. Und diese ist tatsächlich vom Feinsten.

26 *Alpenpässe in Italien* PORDOIJOCHSTRASSE

PORDOIJOCHSTRASSE

HÖCHSTER PUNKT
2239 m

AUSGANGSPUNKT
Ostseite: Arabba, 1602 m
Westseite: Canazei, 1465 m

ANFAHRT
Ostseite: St. Lorenzen bei Bruneck im Pustertal Zwischenwasser – Pedratsches – Corvara – Campolungopass – Arabba oder Cortina d'Ampezzo – Falzáregopass – Andraz – Arabba
Westseite: Am günstigsten über das Sellajoch nach Canazei (Tour 25). Alternativ Brenner-Autobahn, Ausfahrt Bozen-Nord – Kardaun – Karerpass – Pozza di Fassa – Canazei

STRECKENLÄNGE
22 km

STRASSENVERHÄLTNISSE
Gut ausgebaute Straße. Äußerst kehrenreicher Verlauf. Max. Steigung Ostseite 8%, Westseite 8%

STRECKENVERLAUF
Arabba – Gasthof »Lezuo« – Pordoijoch – Albergo Pordoi – Pecol – Ristorante »Lupo Bianco« – Canazei

PASSÖFFNUNGSZEITEN
Ganzjährig befahrbar

SEHENSWÜRDIGKEITEN
Seilbahn vom Pordoijoch auf den Saß Pordoi (2950 m); Ehrenmal für die Opfer des Gebirgskrieges am Pordoijoch (ca. 1,5 km östlich der Passhöhe)

ANSCHLUSSTOUR
Von Arabba über die Campolungo-Passstraße (Tour 27), von der Abzweigung oberhalb von Canazei über die Sellajochstraße (Tour 25) oder von Canazei über die Fedáiapassstraße (Tour 28) oder zur Karerpassstraße (Tour 23)

SERVICESTELLEN
Siehe Tour 15

So schön und flüssig die 27 Kehren der Westrampe des Pordoipasses auch angelegt sind, bei Kehre 18, schon hoch über Canazei, muss ich einen Halt einlegen. Der Blick, der sich von hier am Rande eines kleinen Sees über grüne Almwiesen auf das Langkofelmassiv, das sich eindrucksvoll in Langkofeleck, Fünffingerspitze und Grohmannspitze gliedert, ist von fast atemberaubender Schönheit. Atemberaubend sind allerdings auch die Schräglagen mancher Motorradfahrer, die ich auf dem Kehrenverlauf hier beobachte. Aber die Strecke ist fahrtechnisch gesehen einfach ein Leckerbissen und so ist es nicht verwunderlich, dass sie von vielen als schönster Motorradpass der Dolomiten angesehen wird.

Prächtig entwickelt sich der tafelförmige Sellastock mit seinem augenfälligen Band aus Raibler Schichten – im oberen Drittel der bis zu 1000 Meter hohen und 4 Kilometer breiten Südwestwand –, das den Schlerndolomit vom Hauptdolomit trennt, und im Süden blinken kurz die Schneefelder der Marmolada auf – und viel zu schnell auch ist die Passhöhe erreicht.

Ein schmaler Fahrweg führt von hierzu einem Ehrenmal aus dunklen Porphyrblöcken, das an die österreichischen und deutschen Gefallenen des Ersten und Zweiten Weltkrieges erinnert, und mir wird bewusst, dass die jetzt so friedlich erscheinende Umgebung noch vor gar nicht so langer Zeit heiß umkämpft war. Die Passhöhe ist der höchste Punkt der Großen Dolomitenstraße, aber ich möchte noch höher hinaus. Mit dem Motorrad geht es nicht, also steig ich in die Kabine der Drahtseilbahn um, die von hier zum Saß Pordoi hochführt und an klaren Tagen eine Aussicht ermöglicht, die bis zum Ortler und den Julischen Alpen reicht.

Der Verlauf der Seilbahntrasse ist atemberaubend, und vor allem bei der Abfahrt kommen Gefühle auf, die jenen ähneln, wie man sie etwa hat wenn man sich mit 120 km/h einer Haarnadelkehre nähert und plötzlich die Bremsen versagen. Unten bin ich auf jeden Fall froh, wieder festen Boden unter den Füßen zu haben, und auch gute Bremsen. Die braucht es auf den folgenden, exakt 33 Kehren hinab nach Arabba nämlich auch.

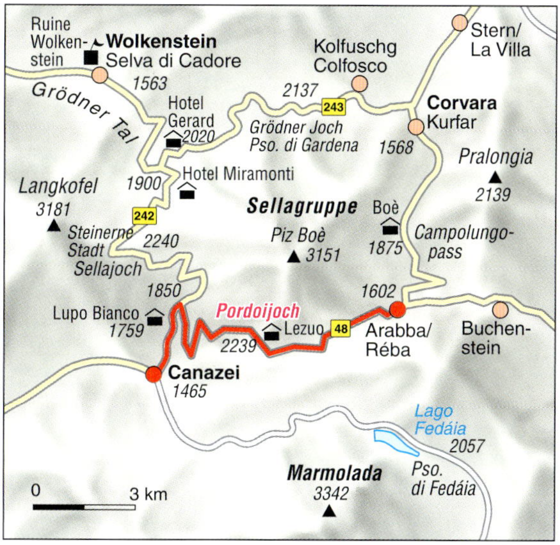

Exakt 33 Kehren gibt es auf der Ostseite des Pordoijochs hinunter nach Arabba.

27 Alpenpässe in Italien
CAMPOLUNGO-PASSSTRASSE

CAMPOLUNGO-PASSSTRASSE

HÖCHSTER PUNKT
1875 m

AUSGANGSPUNKT
Nordseite: Corvra, 1568 m
Südseite: Arabba, 1580 m

ANFAHRT
Nordseite: Am günstigsten über das Grödner Joch nach Corvara (Tour 24). Alternativ Brenner-Autobahn, Ausfahrt Bressanone/Brixen durch das Pustertal bis St. Lorenzen bei Bruneck und durch das Gadertal über Zwischenwasser und Pedratsches nach Corvara
Südseite: Durch das Fassatal nach Canazei und über das Prodoijoch nach Arabba oder Cortina d'Ampezzo – Falzáregopass – Andraz – Arabba

STRECKENLÄNGE
11 km

STRASSENVERHÄLTNISSE
Erhebliche Belagschäden auf der ganzen Strecke. Max. Steigung Nordseite 10%, Westseite 10%

STRECKENVERLAUF
Corvara – Hotel »Planac« – Gasthof »Boè« – Campolungopass – Albergo Monte Cherz – Arabba

PASSÖFFNUNGSZEITEN
Ganzjährig befahrbar

SEHENSWÜRDIGKEITEN
Seilbahn von Corvara zur Piz-Boè-Bergstation (2198 m)

ANSCHLUSSTOUR
Von Corvara über die Grödner-Joch-Straße (Tour 24). Von Arabba über die Pordoijochstraße (Tour 26) oder durch das Buchenstein nach Andraz zur Falzáregopassstraße (Tour 29)

SERVICESTELLEN
Siehe Tour 15

Das war knapp, nur mit Müh und Not und einer gehörigen Portion Glück konnte ich einen Zusammenstoß vermeiden. Mein Unfallgegner ist auch ein in den Alpen immer selten werdender »Verkehrsteilnehmer«, ein Pferd. Dabei habe ich die Herde weidender Tiere bereits längere Zeit im Auge gehabt und bin entsprechend vorsichtig gefahren, aber dass eines der Tiere plötzlich wie von der Tarantel gestochen auf die Straße sprang, damit konnte ich dann doch nicht rechnen.

Ort des Geschehens ist die Südseite des Campolungopasses, italienisch Passo di Campolongo, der das Abtei- und Gadertal mit dem Buchenstein verbindet. Besser bekannt ist er als Bindeglied der Sellaumrundung, wo er den Pordoipass mit dem Grödner Joch entlang der Sella-Ostseite verbindet.

Schwer atmend stehe ich nun am Straßenrand, und während ich darauf warte, dass Pulsschlag und Adrenalinspiegel wieder normale Werte annehmen, betrachte ich die Umgebung. Unter mir liegt in einer weiten Talweitung die vor allem als Wintersportort bekannte Ortschaft Corvara, über

der sich der mächtige graue Turm des Saß Songher erhebt. Etwas links davon erkenne ich die Häusergruppe von Colfuschg und die Kehren hinauf zum Grödner Joch, die sich unter den Nordwänden der Sella hochschrauben.

Ich habe mich soweit beruhigt, dass ich die Weiterfahrt antreten kann. Meine vorsichtige Fahrweise behalte ich bei, was bereits angesichts des mit zunehmender Höhe immer schlechter werdenden Straßenbelags auf keinen Fall schaden kann. Fahrerisch anspruchsvoll ist die Strecke nicht unbedingt, zehn Kehren verteilen sich auf die ersten beiden Kilometer am Passanfang, dann geht es kurvenarm zum Scheitelpunkt mit dem ganzjährig geöffneten Hotel »Boè«.

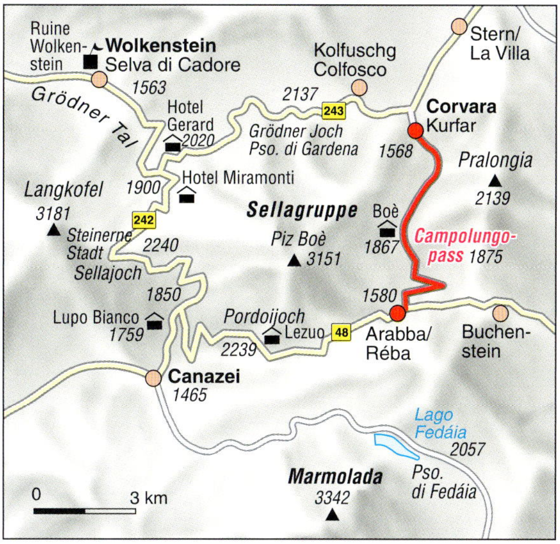

Der mächtige Felsturm des Saß Songher ist die imponierendste Felsgestalt vom Campolungopass aus.

Die Passhöhe ist ein weiter Wiesensattel, auf dem nicht nur die Grenze zwischen Südtirol und den Dolomiten verläuft, sondern auch die Sprachgrenze zwischen dem Deutschen und dem Italienischen. Fünf Kehren konnte ich auf der kurzen Abfahrt nach Arabba nur zählen, aber das macht nichts, mit der hier beginnenden Auffahrt zum Pordoijoch warten 33 weitere auf mich.

Linke Seite: Die Campolungo-Passhöhe bildet die Grenze zwischen Südtirol und der italienischen Provinz Venetien.

FEDÁIAPASSSTRASSE

FEDÁIAPASSSTRASSE

HÖCHSTER PUNKT
2044 m

AUSGANGSPUNKT
Ostseite: Caprile, 1023 m
Westseite: Canazei, 1465 m

ANFAHRT
Ostseite: Cortina d'Ampezzo – Giaupass – Selva di Cadore – Caprile
Westseite: Am günstigsten durch das Grödner Tal (siehe Tour 24) und das Sellajoch (Tour 25) nach Canazei. Alternativ über den Karerpass nach Canazei (Tour 26)

STRECKENLÄNGE
29 km

STRASSENVERHÄLTNISSE
Auf der Ostseite einige Engstellen (teilweise Ausweichen). Auf der Westseite viele Galerien mit schlechten Lichtverhältnissen. Leichte Belagschäden auf der gesamten Strecke. Max. Steigung Ostseite 8%, Westseite 11%

STRECKENVERLAUF
Caprile – Saviner di Laste – Rocca Piétore – Pineta – Palue – Sottoguda – Malga Ciapéla – Baita Porich – Capanna Bill – Fedáiapass – Pian Trevisan – Penia – Alba – Canazei

PASSÖFFNUNGSZEITEN
15. April bis 15. Oktober

SEHENSWÜRDIGKEITEN
Sottogudaschlucht; Seilbahn von Malga Ciapéla in drei Abschnitten auf den Gipfelgrat der Marmolada (3250 m) mit prachtvoller Aussicht

ANSCHLUSSTOUR
Von Caprile nach Selva di Cadore zur Giaupassstraße (Tour 30) oder nach Andraz zur Falzáregopassstraße (Tour 29). Von Canazei entweder über die Sellajochstraße (Tour 25) oder die Pordoijochstraße (Tour 26) oder nach Vigo di Fassa zur Karerpassstraße (Tour 23)

SERVICESTELLEN
Siehe Tour 15

Regen in den Dolomiten, auch das gibt es, und wie ich bei meinen zahlreichen Besuchen hier feststellen musste, leider gar nicht einmal so selten. Also suche ich in Canazei in einem kleinen Straßencafé Unterschlupf und warte auf das Nachlassen des Wolkenbruchs. So schnell er gekommen ist, hört der Regen auf und wenig später scheint wieder die Sonne. Auf noch nasser Fahrbahn verlasse ich Canazei auf einer Seitenstraße Richtung

Fedáiapass und erreiche mit dem Dörfchen Penia den letzten Ort im Tal.

Durch ein malerisches Gewinkel aus alten Bauernhütten, die sich um ein gotisches Kirchlein scharen, schlängelt sich die Straße über vier Kehren hoch zum lang gestreckten Talboden von Pian Trevisan. Hier unter den düsteren Nordwänden des Gran Vernel und

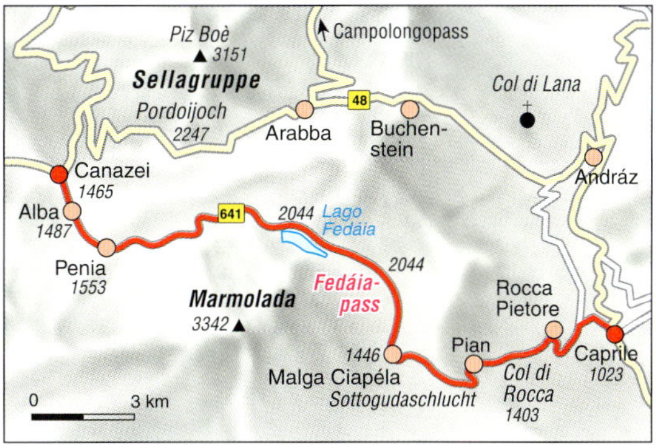

der Roda di Mulon soll einer alten Fassaner Sage nach Prinz Lidsanél den Tod gefunden haben. Beim Versuch seine Geliebte zu rächen, die von den Trusanern getötet worden war, wurde er selbst von diesen niedergestreckt, während es seinen Freunden, den Arimannen dafür gelang, die Trusaner unter einer Steinlawine verschwinden zu lassen. Eine reichlich verworrene Sache also, die man wohl nur versteht, wenn man in dieser Bergwelt und mit den dazugehörigen Sagen aufgewachsen ist.

Durch eine Reihe von Lawinengalerien geht es auf kurviger Straße höher, und nach einem 300 Meter langen unbeleuchteten Tunnel liegt plötzlich die Hochfläche von Fedáia, ausgefüllt vom gleichnamigen Stausee in dem sich das Schmelzwasser der Marmolada sammelt, vor mir. Über die Staumauer geht es am südlichen Seeufer entlang zur Passhöhe und nach einer kurzen Einkehr im Rifugio Marmolada, auf anfangs steil abfallender Trasse, über die Ostrampe wieder nach unten.

Über mehrere Talstufen senkt sich die windungsreiche Trasse abwärts, quert die schwindelerregend tiefe Sottogudaschlucht und erreicht mit Rocca Piétore wieder einen größeren Ort. Ich werfe einen Blick in die Pfarrkirche, deren Flügelaltar aus dem Jahre 1516 als Prachtwerk gotischer Schnitzkunst gilt, erkenne auf der Weiterfahrt das riesige Ossarium für die Gefallenen des Ersten Weltkrieges an der Straße hinüber nach Andraz im Buchenstein und erreiche den Talboden bei Caprile im Cordevoletal.

Linke Seite: Die plattengepanzerten Felswände des Vernel bilden den westlichen Eckpfeiler der Marmolada, mit 3342 m Höhe nicht nur der höchste Berg der Dolomiten sondern auch der am stärksten vergletscherte, der die Bezeichnung »Königin der Dolomiten« zu recht trägt.

FALZÁREGOPASSSTRASSE

FALZÁREGOPASSSTRASSE

HÖCHSTER PUNKT
2117 m

AUSGANGSPUNKT
Ostseite: Cortina d'Ampezzo, 1210 m
Westseite: Andraz, 1428 m

ANFAHRT
Ostseite: Brenner-Autobahn, Ausfahrt Bressanone/Brixen – Bruneck – Toblach – Schluderbach – Cortina d'Ampezzo
Westseite: Canazei – Pordoijoch – Arabba – Andraz

STRECKENLÄNGE
28 km

STRASSENVERHÄLTNISSE
Auf der Westseite unterhalb der Passhöhe ein unbeleuchteter Kehrentunnel sowie einige kopfsteingepflasterte Kehren (bei Nässe erhöhte Vorsicht).
Max. Steigung Ostseite 11%, Westseite 8%

STRECKENVERLAUF
Cortina d'Ampezzo – Pocol – Bar Casalinga – Falzáregopass – Al Sasso di Stria – Ristorante La Bait – Bar Col di Lana – Andraz

PASSÖFFNUNGSZEITEN
Ganzjährig befahrbar

SEHENSWÜRDIGKEITEN
Pfarrkirche und Glockenturm sowie Fossilien- und Mineralienmuseum im Ortsmuseum Cortina d'Ampezzo; Abstecher von der Passhöhe zum Felssturzgebiet »Tra i Sassi« und altem Fort auf der Valparolapasshöhe; Burgruine Andraz bei der Abfahrt nach Andraz

ANSCHLUSSTOUR
Von Cortina d'Ampezzo entweder über den Tre-Croci-Pass nach Misurina und auf die Drei-Zinnen-Bergstraße oder nach Schluderbach und über den Sant'Angelo-Pass auf die Drei-Zinnen-Bergstraße (Tour 31).
Von Andraz entweder durch das Buchenstein nach Arabba zur Campolungo-Passstraße (Tour 27) oder Pordoijochstraße (Tour 26) oder von Andraz entweder nach Selva di Cadore zur Giaupassstraße (Tour 30) oder nach Caprile zur Fedáiapassstraße (Tour 28)

SERVICESTELLEN
Siehe Tour 15

Der Falzárego ist der dritte und letzte Pass, den ich auf meiner Fahrt über die Große Dolomitenstraße von Bozen nach Cortina d'Ampezzo zu überwinden habe. Von Arabba bin ich das Buchenstein, wie das im Italienischen als Livinallongo bezeichnete waldreiche und enge Quelltal des Cordevole genannt wird, entlanggefahren, bis ich bei Andraz den Ausgangspunkt erreicht habe.

Beim Weiler Cernadoi folge ich der Straßengabelung ins Andraztal, die Steigung nimmt zu, und bald erkenne ich links von mir auf einem mächtigen Dolomitblock die Ruine des alten Schlosses Buchenstein. Der Überlieferung nach soll das Castel Andraz, wie es auch genannt wird, bereits im 6. Jahrhundert von den Ostgoten hier erbaut worden sein. Vom 12. bis zum Beginn des 19. Jahrhunderts war es im Besitz der Bischöfe von Brixen, die von hier ihre Besitzungen verwalten ließen, bevor es langsam verfiel.

Kehrenreich geht es höher, und aus den Wäldern ragt das kühn geformte Horn des Hexensteins empor, im Ersten Weltkrieg von den Öster-

reichern zur uneinnehmbaren Festung ausgebaut. Das glaubte man auch vom nahen Col di Lana, bis dessen Gipfel von den Italienern mit 5024 Kilo Dynamit in die Luft gesprengt wurde und der als Blutberg »Col di Sangue« in die Geschichte einging.

Einem natürlichen Zerfall sieht dagegen das als Jugenderholungsheim gedachte Anwesen in einem von Felstrümmern bedeckten Kessel im oberen Kehrenbereich entgegen, bevor durch einen unbeleuchteten Kehrentunnel die Passhöhe erreicht wird.

Von hier führt eine Seilbahn zum Gipfel des kleinen Lagazuoi, aber ich wähle den kurzen Abstecher zur 2192 m hohen Valparola-Passhöhe mit der Ruine eines verfallenen österreichischen Forts.

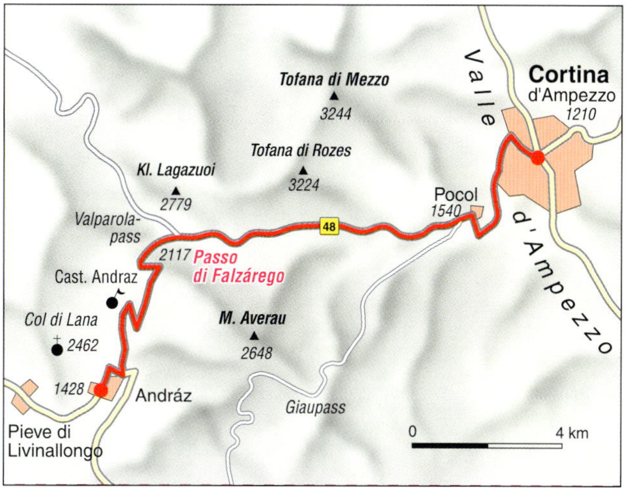

Unter den hohen Felswänden der Tofanen senkt sich die Trasse abwärts, und aus dem Gewirr von Gipfeln und Bergketten erkenne ich den Monte Cristallo, Sorapis und Antelao, die gezackten Spitzen der Croda da Lago, den turmartigen Nuvolau und die seltsam und skurril geformten Cinque Torri. Hinter Pocol durchfahre ich ein kurzes Felstunnel und vor mir liegt das Talbecken des Boite mit Cortina d'Ampezzo, dem Endpunkt der Passstrecke.

Die gewaltigen Felswände der Tofanen begleiten uns auf der Abfahrt über die Westseite des Falzáregopasses hinunter nach Cortina d´Ampezzo.

30 *Alpenpässe in Italien* GIAUPASSSTRASSE

GIAUPASSSTRASSE

HÖCHSTER PUNKT
2236 m

AUSGANGSPUNKT
Ostseite: Pocol, 1539 m
Westseite: Einmündung bei Selva di Cadore, 1300 m

ANFAHRT
Ostseite: Brenner-Autobahn, Ausfahrt Bressanone/Brixen – Bruneck – Toblach – Schluderbach -Cortina d'Ampezzo – Pocol
Westseite: Canazei – Pordoijoch – Arabba -Andraz – Selva di Cadore

STRECKENLÄNGE
21 km

STRASSENVERHÄLTNISSE
Gut ausgebaute Straße, kehrenreicher Verlauf. Max. Steigung Ostseite 12%, Westseite 14%

STRECKENVERLAUF
Pocol – Giaupass – Rifugio Piezza – Hotel »Enrosadira« – Rifugio Fedare – Selva di Cadore

PASSÖFFNUNGSZEITEN
1. Mai bis 30. Oktober

SEHENSWÜRDIGKEITEN
»Murogna di Giau«, sagenhafte Steinmauer bei der Auffahrt zum Giaupass

ANSCHLUSSTOUR
Von Pocol über die Ostseite der Falzáregopassstraße oder von Selva di Cadore zur Westseite der Falzáregopassstraße (Tour 29)

SERVICESTELLEN
Siehe Tour 15

Dass ich den Giaupass entdeckt habe, war eigentlich eher Zufall. Vor einigen Jahren war ich auf der Großen Dolomitenstraße von Bozen nach Cortina d'Ampezzo unterwegs und musste wieder nach Bozen zurück. Da ich nicht unbedingt die gleiche Strecke zurückfahren wollte, studierte ich die Landkarte und entdeckte südlich des Falzáregopasses eine fast parallel zu diesem verlaufende Bergstraße. Sie zweigte etwas oberhalb von Cortina d'Ampezzo vom Falzáregopass ab und endete in Selva di Cadore, nicht weit oberhalb von Andraz im Buchenstein, wo ich wieder auf die Große Dolomitenstraße treffen würde. Das Sträßchen war auf der Karte deutlich schmäler eingezeichnet als der Falzáregopass und versprach somit weniger Verkehr und damit mehr Fahrspaß.

In Pocol scheine ich das einzige Fahrzeug zu sein, das hier abbiegt, und genieße die wohltuende Ruhe, die ich auf den ersten beiden Kilometern

empfinde, da sich die Trasse erst einmal in das Wiesental des Costeanabaches absenkt. Anfangs geht es durch dichten Lärchenwald, dann über freie Almwiesen kurven- und kehrenreich höher und im Wechsel der Kehren zeigen sich die abweisend glatten Felsmauern der Tofanen über den Falzáregopass, im Vorblick dominiert der Felsaufbau des Nuvolaustockes, während die südöstliche Talseite von der mauergleichen Croda da Lago abgeschlossen wird. Ich erkenne die Mauer aus unbehauenen Steinen neben der Straße wieder, die das ganze Tal zu durchqueren scheint und mir schon vor Jahren aufgefallen ist. Heute weiß ich, dass sie einer Sage nach im

Jahre 1752 von den Einwohnern der Gemeinde San Vito im Verlauf eines Grenzstreites an einem einzigen Tag errichtet worden sein soll. Noch 1918 bildete sie den Grenzverlauf zwischen Österreich und Italien.

Im Rifugio auf der Passhöhe genehmige ich mir wie vor einigen Jahren einen Cappuccino und stelle fest, dass hier offensichtlich alles beim alten geblieben ist. Auch die Abfahrt ist kurvenreich wie eh und je, allerdings mit einem Unterschied: Während sie damals unbefestigt war, präsentiert sie sich heute in einem hervorragend ausgebauten Zustand.

Oben: Fahrerisch attraktiv, landschaftlich reizvoll und nur schwach frequentiert ist der Giaupass.

Linke Seite: Im obersten Teil auf der Nordseite des Giaupasses mit dem Sellastock im Hintergrund

31 *Alpenpässe in Italien*
SANT'ANGELO-PASSSTRASSE

SANT'ANGELO-PASSSTRASSE

HÖCHSTER PUNKT
2400 m

AUSGANGSPUNKT
Schluderbach, 1437 m

ENDPUNKT
Rifugio Auronzo, 2400 m

ANFAHRT
Brenner-Autobahn, Ausfahrt Bressanone/Brixen – Bruneck – Toblach – Schluderbach

STRECKENLÄNGE
16 km

STRASSENVERHÄLTNISSE
Gut ausgebaute Straße. Bei der Auffahrt zum Sant'Angelo-Pass leichte Belagschäden. Die Drei-Zinnen-Straße ist in gutem Ausbauzustand.
Max. Steigung Sant'Angelo-Pass 11%, Drei-Zinnen-Bergstraße 16%

STRECKENVERLAUF
Schluderbach – Sant'Angelo-Pass – Misurina – Rifugio – Lago Antorno – Mautstelle – Rifugio Auronzo

PASSÖFFNUNGSZEITEN
Sant'Angelo-Pass ganzjährig befahrbar. Drei-Zinnen-Bergstraße 1. Juni bis 30. September

MAUT
Die Auffahrt zur Drei-Zinnen-Straße ist mautpflichtig. Die Mautgebühr beträgt 10 €.

SEHENSWÜRDIGKEITEN
Misurinasee; leichte Wanderung vom Rifugio Auronzo zum Paternsattel mit prachtvollem Blick auf die Nordwände der Drei Zinnen

ANSCHLUSSTOUR
Von Misurina über den Tre-Croci-Pass nach Cortina d'Ampezzo und von dort entweder über die Falzáregopassstraße (Tour 29) oder die Giaupassstraße (Tour 30)

SERVICESTELLEN
Siehe Tour 15

Von Toblach bin ich durch das Höhlensteintal nach Schluderbach gefahren und weiter über den Sant'Angelo-Pass nach Misurina, um von dort den Drei Zinnen, der wohl bekanntesten Bergformation der Dolomiten, meine Aufwartung zu machen. Obwohl ich vor vier Monaten bereits hier war, glaube ich Misurina nicht mehr wiederzuerkennen. Autos und Touristen wohin das Auge auch blickt, und der kleine See, in dessen hellgrünem Wasser sich damals die Cadinigruppe spiegelte, ist nun von zahllosen Tret- und Ruderbooten übersät. Anfang Juni war ich fast alleine hier oben, die Hotels und Souvenirstände fast alle geschlossen, aber jetzt, Mitte September, ist Hauptreisezeit in den Dolomiten, die sich so von einer ganz anderen Seite zeigen.

Trotzdem wage ich die Auffahrt über die Drei-Zinnen-Bergstraße zum Rifugio Auronzo unterhalb der Südseite des Bergstockes. Vorbei an den Campingplätzen von Misurina zieht die Straße recht steil ansteigend nach oben zum kleinen Lago Antorno. Hier ist es wenigstens etwas ruhiger

als unten, und ich betrachte aufmerksam die Drei Zinnen vor mir, die hier mit der Südseite ihr Allerweltgesicht zeigen und eigentlich nur als »Zwei Zinnen« zu erkennen sind.

An der Mautstelle muss ich mich am Ende einer Warteschlange anstellen, bevor ich meine Eintrittsgebühr entrichten und die zwar gleichbleibend steile, aber gut ausgebaute Straße hoch zum Rifugio Auronzo benutzen darf. Der Betrieb hier oben ist fast noch schlimmer als unten in Misurina und die Völkerwanderung, der ich auf dem knapp 20-minütigen Fußmarsch zum Paternsattel begegne, könnte in der Münchner Fußgängerzone zur Mittagszeit nicht schlimmer sein. Trotzdem, der Weg lohnt sich, und als ich oben einem der gewaltigsten Schaustücke der Dolomiten, den Nordwänden der Drei Zinnen gegenüberstehe, bin ich wieder mit der Welt versöhnt. Ich überlege sogar, ob ich die Drei Zinnen umrunden soll, eher ein leichter Spaziergang von etwa eineinhalb Stunden als eine echte Bergour, lasse das Vorhaben dann aber – vor allem meiner unzweckmäßigen Kleidung wegen – bleiben.

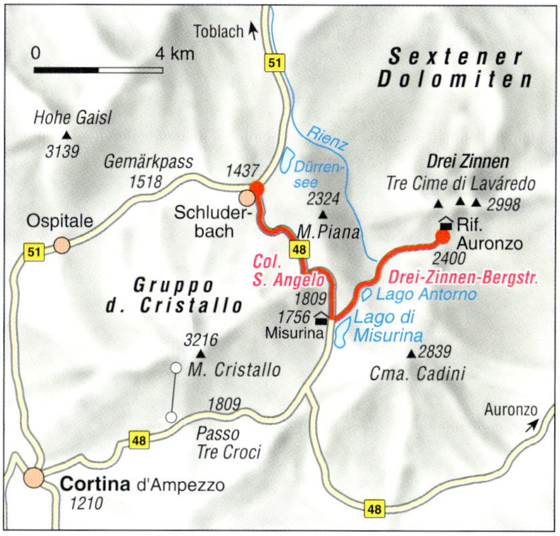

Das Höhlensteintal wird vom gewaltigen Monte Cristallo abgeschlossen.

Linke Seite: Gute Bremsen verlangt die Mautstraße zum Rifugio Auronzo am Fuße der Drei Zinnen bei der Abfahrt. Mit gleichbleibend 16% Steigung zählt sie bereits zu den steileren Dolomitenstraßen.

32 Alpenpässe in Italien
ROLLEPASSSTRASSE

ROLLEPASSSTRASSE

HÖCHSTER PUNKT
1989 m

AUSGANGSPUNKT
Nordseite: Predazzo, 1014 m
Südseite: Fiera di Primiero, 717 m

ANFAHRT
Nordseite: Brenner-Autobahn, Ausfahrt Egna/Ora – Cavlese – Predazzo
Südseite: Feltre – Artén – Fonzaso – Imer – Mezzano – Fiera di Primiero

STRECKENLÄNGE
43 km

STRASSENVERHÄLTNISSE
Auf der Nordseite im unteren Bereich Engstellen, sonst gut ausgebaute Straße. Leichte Belagschäden im Scheitelbereich. Max. Steigung Nordseite 9%, Südseite 11%

STRECKENVERLAUF
Predazzo – Baita Alpina- Bellamonte – Panevéggio – Hotel »Venezia« – Rollepass – San Martino – Albergo Flora – Siror – Fiera di Primiero

PASSÖFFNUNGSZEITEN
Ganzjährig befahrbar

SEHENSWÜRDIGKEITEN
Museo Geologico in Predazzo; Kapelle Maria Schnee in Bellamonte; Naturpark Besucherzentrum in Panevéggio; Sessellift zur Baita Segantina (malerischer Almsee mit Gaststätte 2170 m) kurz nach Überquerung der Passhöhe

SERVICESTELLEN
Siehe Tour 15; BMW: Belluno

Zwischen sonnenverbrannten Wiesen und Gestrüpp erkenne ich neben der Straße einige alte Ruinen. Castelfeder scheint der geheimnisvolle Ort, einem Schild am Straßenrand nach zu urteilen, zu heißen. Ich stelle meine Maschine ab und wandere zwischen glattgeschliffenen Felsblöcken und alten Steinmauern herum. Als ich zu meinem Motorrad zurückkehre, habe ich Glück, ich treffe auf einen Touristen aus Bochum, der über diese Anlage offensichtlich Bescheid weiß. Nach seiner Meinung handelt es sich hier um die Reste einer langobardischen Grenzfeste, auf der angeblich um das Jahr 100 n. Chr. ein Friedensvertrag zwischen Römern und Zimbern geschlossen worden sein soll. Wissenschaftlich bewiesen ist das allerdings nicht, ruft er mir hinterher, als ich meine Vierzylinder aktiviere, um die Steilstufe über das Etschtal hinauf nach Cavalese im Fleimstal zu überwinden.

Ich möchte über Cavalese weiter nach Predazzo und über den Rollepass in die Palagruppe. Obwohl der Rollepass zu den ältesten Passstraßen der

Dolomiten gehört, mit deren Bau bereits 1870 begonnen wurde und der durch ein Gebiet von landschaftlich herausragender Schönheit führt, ist er doch viel weniger bekannt als die Pässe im zentralen Teil der Dolomiten wie etwa Sellajoch, Grödner Joch oder Falzáregopass, um nur einige zu nennen.

In Bellamonte, der ersten Ortschaft auf der nördlichen Passrampe, erinnert aber nur der Name an die Schönheit der Berge, zu sehen sind hier allenfalls einige Spitzen, die über dunklen Wäldern aufragen. Dieser Wald gehört allerdings zu den schönsten und ausgedehntesten des ganzen Landes und ist für Italien etwa dasselbe wie der Schwarzwald für Deutschland.

Auf dem Rollepass in 1989 m Höhe

In schönen Kurven und Kehren geht es höher, bis der Wald schlagartig zurückgeht und den Blick auf eines der kühnsten und wildesten Bergpanoramen freigibt, das die Dolomiten zu bieten haben: die Palagruppe. Noch schöner als die Auffahrt ist die Abfahrt entlang dieser wie an einer Perlenkette aufgereihten Bergspitzen hinunter nach Fiera di Primiero, das sich inmitten südlicher Vegetation mit Kastanien-, Maulbeer- und Nussbäumen ausdehnt.

Linke Seite: »Matterhorn der Dolomiten« wird die Cime della Pala über der Rollepasshöhe ihrer markanten Form wegen genannt.

Alpenpässe in der Schweiz

33 Alpenpässe in der Schweiz
FLÜELAPASSSTRASSE

FLÜELAPASSSTRASSE

HÖCHSTER PUNKT
2383 m

AUSGANGSPUNKT
Ostseite: Susch/Süs, 1426 m
Westseite: Davos, 1560 m

ANFAHRT
Ostseite: Inntal-Autobahn, Ausfahrt Zams – Landeck – Martina – Scoul – Ardez – Larin – Susch
Westseite: Rheintal-Autobahn, Ausfahrt Landquart Schiers – Klosters – Davos

STRECKENLÄNGE
27 km

STRASSENVERHÄLTNISSE
Gut ausgebaute Straße. Max. Steigung Ostseite 11%, Westseite 10%

STRECKENVERLAUF
Susch/Süs – Flüelapass – Tschuggen – Gasthaus »Alpenrose« – Davos

PASSÖFFNUNGSZEITEN
Ganzjährig befahrbar

SEHENSWÜRDIGKEITEN
Heimatmuseum (Altes Pfrundhaus) in Davos-Dorf, Ernst-Ludwig-Kirchner-Museum in Davos-Platz

ANSCHLUSSTOUR
Von Susch/Süs durch das Engadin nach La Punt zur Albula-Passstraße (Tour 34). Von Davos durch das Landwassertal nach Tiefencastel und von dort entweder über die Albulapassstraße (Tour 34) oder die Julierpassstraße (Tour 35)

SERVICESTELLEN
Honda, Yamaha, BMW, Kawasaki: Chur; Suzuki: Samedan

Vorhergehende Doppelseite: Die gut ausgebaute neue Straße auf der Südseite des St.-Gotthard-Passes

Ich hatte Freunde in Landeck besucht und mit diesen noch einen Abstecher in die Zollfreizone des Saumnauntales, gleich hinter der österreichisch-schweizerischen Grenze beim Zollamt Kajetansbrücke, unternommen. Das billige Benzin rechtfertige den Ausflug und mit unseren vollen Tanks wollten wir nun auch nicht gleich wieder zurückfahren. Also beschlossen wir, das Unterengadin noch etwas einwärts zu fahren, um auf den Kurven und Kehren des nicht weit entfernten Flüelapasses noch etwas Fahrspaß zu haben.

In Susch, dem Ausgangspunkt der östlichen Passroute, fallen mir einige alte Festungstürme auf. Sie stammen noch aus dem Mittelalter, als über diesen Pass Erz aus Graubünden nach Nordtirol transportiert und auf dem Rückweg dafür lebenswichtiges Salz mitgenommen wurde. Fast hätten wir die Abzweigung zwischen zwei eng zusammenstehenden Häusern übersehen, dann begleitet uns Kopfsteinpflaster bis zum Ausgang der Ortschaft, die über eine Kehrengruppe rasch unter uns zurückbleibt. Fichten- und Lärchenwald nimmt uns auf, und eine weitere Kehrengruppe führt uns in das Val Susascu. Die Straße wird flacher, die Landschaft bietet wenig Ab-

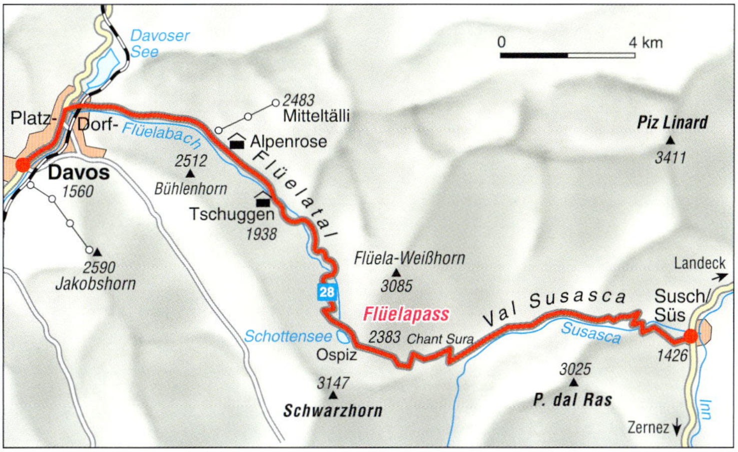

wechslung, und nach einem längeren Flachstück entlang der Susascu nimmt die Steigung wieder zu. Links von uns zieht das breite Val Grialetsch zu den Gletschern um den Piz Vadret am Talschluss, dann fordert eine weitere Serpentinengruppe wieder Schräglage. Viel zu schnell sind wir auf der Passhöhe inmitten einer öden steinigen Hochgebirgsumgebung mit zwei kleinen Seen, die sich vergeblich bemühen, diese zu verschönern. Auch im oberen Teil der Abfahrt auf weiterhin gut ausgebauter, breiter Straße begleiten uns nur Steine und Geröll, die erst beim Restaurant »Tschuggen« in Almwiesen und Weiden übergehen. Schöner Nadelwald

begleitet uns dann nach Davos, dessen Aufschwung vom ruhigen Walserdorf zu einer geschäftigen Metropole einem deutschen Emigranten zu verdanken ist. Der Arzt Alexander Spengler gründete hier ein Sanatorium für Lungenkranke und leitete damit den Aufstieg zum Kurort ein.

Oben: Haarnadelkehren auf der Westsseite des Flüelapasses erfordern fahrerisches Fingerspitzengefühl.

Links: Gewitterstimmung auf der Flüelapasshöhe

34 *Alpenpässe in der Schweiz* ALBULAPASSSTRASSE

ALBULAPASSSTRASSE

HÖCHSTER PUNKT
2315 m

AUSGANGSPUNKT
Ostseite: La Punt, 1687 m
Westseite: Tiefencastel, 851 m

ANFAHRT
Ostseite: Inntal-Autobahn, Ausfahrt Zams – Landeck – Martina – Scoul – Zernez – Brail – Zuoz – La Punt
Westseite: Rheintal-Autobahn, Ausfahrt Zillis – Thusis – Sils – Tiefencastel

STRECKENLÄNGE
41 km

STRASSENVERHÄLTNISSE
Auf der Ostseite gut ausgebaute Straße, jedoch Vorsicht bei der Überquerung der Bahngleise von La Punt. Auf der Westseite teilweise Engstellen (Ausweichen). Im Scheitelbereich leichtere Belagschäden.
Max. Steigung Ostseite 12%,
Westseite 12%

STRECKENVERLAUF
La Punt – Albulapass – Bergün – Filisur – Alraneu Bad – Surava – Tiefencastel

PASSÖFFNUNGSZEITEN
1. Juni bis 31. Oktober

SEHENSWÜRDIGKEITEN
Bahnhistorischer Lehrpfad vom Bahnhof Preda nach Bergün (8 km); Dorfstraße mit Engadiner Häuser in Bergün

ANSCHLUSSTOUR
Von La Punt durch das Engadin entweder nach Susch/Süs zur Flüelapassstraße (Tour 33) oder nach Silvaplana zur Julierpassstraße (Tour 35) oder Malojapassstraße (Tour 36).
Von Tiefencastel entweder über die Julierpassstraße (Tour 35) oder durch das Landwassertal nach Davos zur Flüelapassstraße (Tour 33).

SERVICESTELLEN
Siehe Tour 33

Von den drei Innerschweizer Zufahrten ins Engadin, dem Flüela-, Albula- und Julierpass, ist der Albulapass, landschaftlich gesehen, bei weitem der schönste. Also überlege ich in Tiefencastel nicht lange, welchen Weg ich nehmen soll, lasse den Julierpass rechts liegen und fahre das hier noch breite Albulatal aufwärts. In Alvaneu ist die Abzweigung zum Pass gut ausgeschildert und in Filisur fallen mir die klotzig gemauerten Häuser mit ihren malerischen Erkern, kleinen Fenstern und Rundbogeneingängen auf.

Hier beginnt auch die eigentliche Passstrecke, die Straße wird schmäler, hält sich anfangs aber noch im Talboden, um dann über zwei Kehren anzusteigen. Plötzlich drängt sich nackter Fels, teilweise überhängend, an die Straße, das Tal verengt sich zur Klamm und ich halte an um einen Blick über die Randsicherung zu werfen, wo gut 100 Meter tiefer sich die weißschäumende Albula einen schmalen Durchbruch durch

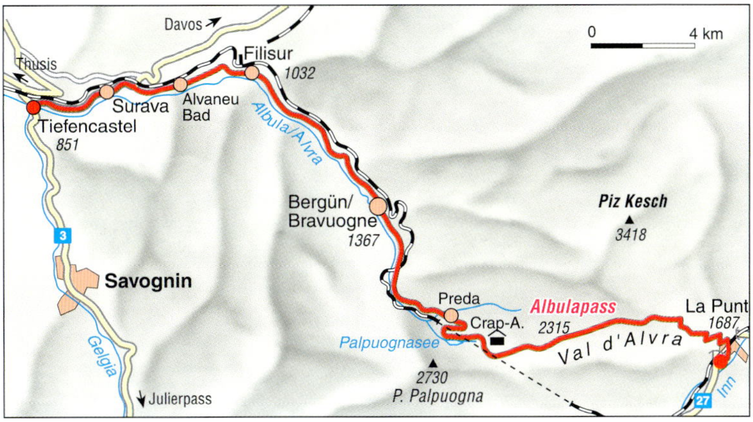

Oben: Die Abfahrt über die Ostseite des Albulatales führt uns ins Engadin, das Tal des Inns.

diesen »Bergüner Klamm« genannten Abschnitt geschaffen hat. Ein kurzer Dreh am Gasgriff, schnell liegt der Felsdurchbruch hinter und eine Kehrengruppe vor mir. Plötzlich erschreckt mich ein durchdringender, schriller Pfiff und ein mächtiges Schnaufen. Dann sehe ich im Wald neben der Straße die Rhätische Bahn, die diesen bautechnisch schwierigen Abschnitt über mehrere Brücken und vier Kehrentunnels, teilweise umständlich rangierend, mühsam überwindet.

In Bergün verschwindet sie in einem Tunnel, während ich mich am stimmungsvollen Palpuognasee vorbei in die öde und trostlose Trümmerlandschaft des Val di Diavel, Teufelstal, hocharbeite. Die riesigen Felsbrocken stammen von einem gewaltigen Bergsturz an den Hängen des Piz de las Blais, aber auf der Passhöhe wartet nicht nur ein Restaurant, sondern auch grüne Almwiesen mit weidenden Kühen auf mich.

Die Abfahrt ist rascher geschildert, neun Kehren verteilen sich auf zehn Kilometer, doch auf eines möchte ich noch hinweisen: Der Bahnübergang am Ende der Passstraße in La Punt bildet eine Sprungschanze, die jeden der hier schneller als Schrittgeschwindigkeit fährt, unweigerlich in die Erdumlaufbahn katapultiert.

Linke Seite: Bereits typisch Engadiner Baustil weisen die Häuser von Filisur auf.

35 Alpenpässe in der Schweiz
JULIERPASSSTRASSE

JULIERPASSSTRASSE

HÖCHSTER PUNKT
2284 m

AUSGANGSPUNKT
Ostseite: Silvaplana, 1815 m
Westseite: Tiefencastel, 851 m

ANFAHRT
Ostseite: Inntal-Autobahn, Ausfahrt Zams – Landeck – Martina- Scoul – Zernez – St. Moritz Silvaplana
Westseite: Rheintal-Autobahn, Ausfahrt Zillis – Thusis – Sils – Tiefencastel

STRECKENLÄNGE
45 km

STRASSENVERHÄLTNISSE
Gut ausgebaute Straße.
Max. Steigung Ostseite 10%, Westseite 11%

STRECKENVERLAUF
Silvaplana – Julierpass – Julier Hospiz – Bivio – Marmorerasee – Sur – Mulegns – Rona – Tinizong – Savognin – Cunter – Tiefencastel

PASSÖFFNUNGSZEITEN
Ganzjährig befahrbar

SEHENSWÜRDIGKEITEN
Abstecher von Silvaplana nach St. Moritz mit Segantini-Museum; Römersäulen auf der Passhöhe

ANSCHLUSSTOUR
Von Silvaplana entweder über die Malojapassstraße (Tour 36) oder das Oberengadin aufwärts nach La Punt zur Albulapassstraße (Tour 34).
Von Tiefencastel übe die Albulapassstraße (Tour 34) oder zur Flüelapassstraße (Tour 33)

Wieder bin ich im Albulatal in Tiefencastel, dem »Kastell in der Tiefe«, angelangt und möchte diesmal über den Julierpass zurück ins Engadin. Tiefencastel selbst bietet wenig Sehenswertes, ich halte mich also nicht lange auf und steuere Richtung Oberhalbstein, das ich nach Durchfahrung zweier Galerien und zweier unbeleuchteter Tunnels nach wenigen Kilometern erreiche. Der Ortsname steht gleichzeitig für die Talschaft, die sich von hier bis zur Passhöhe in mehreren Stufen hochzieht. Bis Savognin gewinne ich kaum an Höhe und betrachte eine Landschaft, die ich aus Bildern des bekannten italienischen Malers Giovanni Segantini (1858-99), der zuerst hier, später in Maloja gelebt hatte, zu kennen scheine. Wie kein anderer konnte er die Stimmung der Landschaft wiedergeben, und ich nehme mir vor, heute noch dem Segantini-Museum in St. Moritz einen Besuch abzustatten. Zuerst schaue ich mir das »Paradies« an, bildlich gesprochen. Die Kirche St. Martin im Ortsteil Sur-Curt gilt als eine der schönsten Barockkirchen Graubündens, deren in sieben konzentrischen Kreisen bemalte Kuppel das Paradies darstellen soll.

Hinter Tinizong rückt das Tal näher zusammen, und über mehrere Kehren erreiche ich unvermittelt den Marmorera-Stausee, dessen 70 Meter hoher, grasbewachsener Erddamm sich nicht von der Landschaft abhebt.

Am linken Ufer des Sees entlang, in dessen Fluten das alte Dorf Marmorera verschwunden ist, geht es in den waldfreien Kessel von Bivio, der obersten Ortschaft des Passes. Der Name leitet sich vom lateinischen bivium »Doppelweg« ab, da hier früher der nunmehr verfallene Septimerpass ins Bergell abzweigte.

Die Landschaft wird nun schnell alpiner, und über schöne Kehren erreiche ich, vorbei am Julier-Hospiz, die Passhöhe. Aus einer Reihe von Felsbrocken, die aussehen, als hätten Zyklopen sie hier oben verstreut, ragen deutlich zwei antike Steinsäulen heraus, die von den Römern als Geschenk an ihre Götter aufgestellt wurden.

Mit nur drei Kehren senkt sich die Straße nun nach Silvaplana ins Oberengadin ab, und ich hoffe, dass das Segantini-Museum im nahen St. Moritz nicht gerade heute Ruhetag hat.

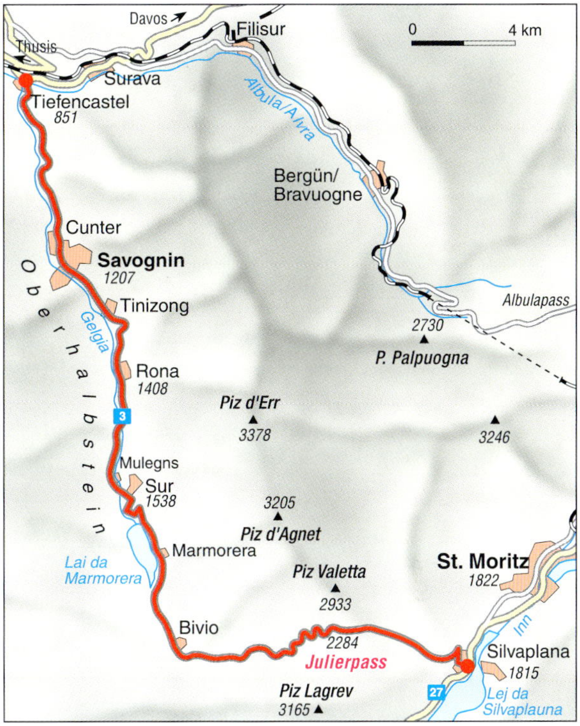

Antike Steinsäulen belegen, dass der Julierpass bereits von den Römern begangen wurde.

36 *Alpenpässe in der Schweiz*
MALOJAPASSSTRASSE

MALOJAPASSSTRASSE

HÖCHSTER PUNKT
1815 m

AUSGANGSPUNKT
Nordseite: Silvaplana, 1815 m
Südseite: Chiavenna, 333 m

ANFAHRT
Nordseite: Inntal-Autobahn, Ausfahrt Zams – Landeck – Martina – Scoul – Zernez – St. Moritz – Silvaplana
Südseite: Autobahn Mailand – Comersee – Verceia – Chiavenna

STRECKENLÄNGE
44 km

STRASSENVERHÄLTNISSE
Auf der Nordseite gut ausgebaute Straße. Auf der Südseite in einigen Ortschaften Engstellen sowie teilweise Kopfsteinpflaster. Die Orte können jedoch nun zum Teil auf einer neuen Straße umfahren werden. Max. Steigung Nordseite 3%, Südseite 11%

STRECKENVERLAUF
Silvaplana – Sils – Plaun da Lej – Malojapass – Casáccia – Vicosoprano – Borgonovo – Stampa – Promontogno – Spino – Castasegna – Piuro San Croce – Piuro Borgonovo – Piuro Prosto – Campedello/San Carlo – Chiavenna

PASSÖFFNUNGSZEITEN
Ganzjährig befahrbar

SEHENSWÜRDIGKEITEN
Atelier Segantini, Belvederetum und Gletschermühlen in Maloja; Abstecher von Bondo nach Soglio dem »Aussichtsbalkon in die Bergwelt des Bergell«; Altstadt, Stadttor Sta. Maria, Schloss, Paradiso-Park und Parco Marmitte dei Giganti in Chiavenna

ANSCHLUSSTOUR
Siehe Tour 35 und 37

SERVICESTELLEN
Siehe Tour 33

Nach einer langen Anfahrt über Landeck und durch das Unterengadin in das Oberengadin lege ich im mondänen Nobelort St. Moritz eine kleine Rast ein.

Am Ufer des St. Moritzer Sees, des ersten von drei weiteren Seen – fahre ich in die so genannte Oberengadiner Seenlandschaft ein, die ohne Übertreibung zu den schönsten Landschaften der Alpen gerechnet werden kann. Am beeindruckendsten ist der Silvaplanasee, in dessen Wasser sich die großartige Bergwelt um den Piz Corvatsch spiegelt. Mit etwa 5 Kilometern Länge ist der dritte und letzte, der Silser See, der größte, an dessen Südspitze ich plötzlich vor einem Schild mit der Aufschrift »Malojapass« stehe. Nur habe ich bisher keine Passauffahrt bemerkt, von St. Moritz bis hierher war die Strecke bretteben.

Des Rätsels Lösung, der Malojapass ist eine topographische Besonderheit, er hat nämlich nur eine Passrampe. Und über diese senkt sich die Trasse, einen Steilabbruch in 13 engen Kehren überwindend, in das Val Bregaglia, besser bekannt als Bergell, hinab. Hier scheine ich in einer anderen Welt zu sein, nichts mehr von der hellen, freundlichen und gepflegten Landschaft des Oberengadins. Wild wuchernder, von Felsbrocken durchsetzter Wald und darüber düster, drohend und abweisend wirkende Felsspitzen aus grauem Granit.

Die Ortschaften wie die Umgebung, graue geduckte Steinhäuser, wie schutzsuchend eng zusammengebaut, die kaum Platz für die Straße lassen.

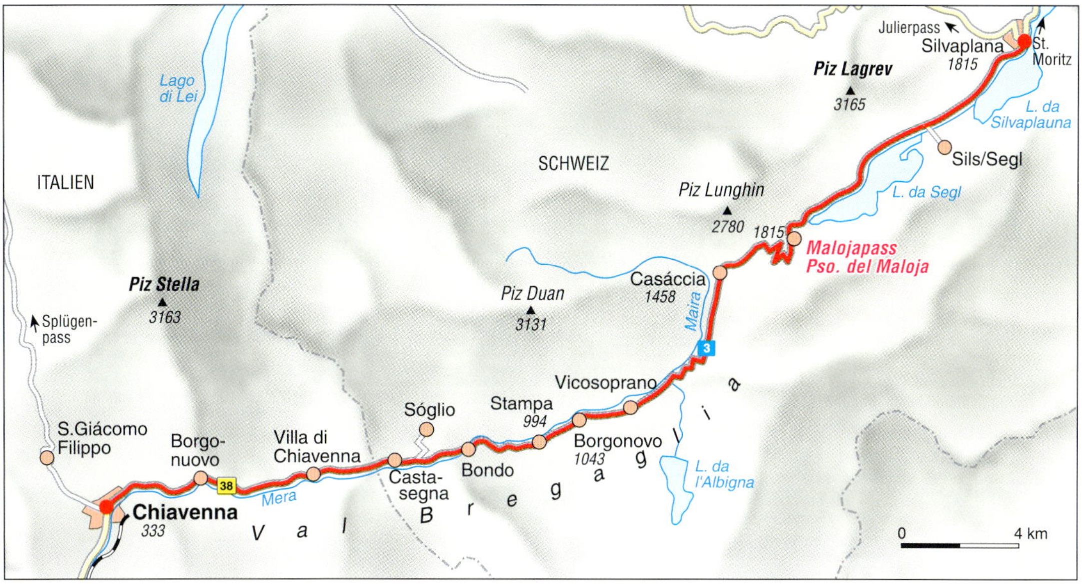

Vor Promontogno fahre ich durch ein Felstunnel, La Porta genannt, das den Beginn des südlicheren Bergells andeutet und biege

in Bondo auf die Stichstraße hinauf nach Sóglio ab. An der Kirche halte ich und stehe »an der Schwelle zum Paradies«, wie der Bergeller Maler Giovanni Segantini dieses Dorf seiner hinreißend schönen Aussicht auf die Bergeller Granitriesen gegenüber einmal genannt hat.

Eine Steigerung kann es nicht mehr geben, in Castasegna überquere ich die Grenze nach Italien und bin bald in Chiavenna, dem Endpunkt der Passroute, angelangt.

Oben: Die Oberengadiner Seenplatte, hier mit dem St. Moritzer See

Links: 13 enge Kehren überwinden den obersten Teil der Abfahrt ins Bergell.

37 *Alpenpässe in der Schweiz*
SPLÜGENPASSSTRASSE

SPLÜGENPASSSTRASSE

HÖCHSTER PUNKT
2118 m

AUSGANGSPUNKT
Nordseite: Splügen, 1457 m
Südseite: Chiavenna, 333 m

ANFAHRT
Nordseite: Rheintal-Autobahn, Ausfahrt Splügen – Splügen
Südseite: Inntal-Autobahn, Ausfahrt Zams – Landeck – Martina – Scoul – Zernez – St. Moritz – Silvaplana – Malojapass – Castasegna – Chiavenna

STRECKENLÄNGE
41 km

STRASSENVERHÄLTNISSE
Auf der Nordseite von leichteren Belagschäden abgesehen, guter Ausbauzustand.
Auf der Südseite unübersichtliche Kurven, viele meist unbeleuchtete Tunnels und Galerien mit Engstellen und erheblichen Schlaglöchern (hier erhöhte Vorsicht).
Max. Steigung Nordseite 11%, Südseite 13%

STRECKENVERLAUF
Splügen – Schweizer Zoll – Splügenpass – Montespluga – Pianazzo – Corti – Tini – Pietra – Prestone – Cimaganda/Lirone – Santuario Galliraggio – San Giácomo Filippo – Bette – Chiavenna

PASSÖFFNUNGSZEITEN
1. Januar bis 31. Oktober
Grenzübergang vom 1 Juni bis 30. September von 24.00 bis 5.00 Uhr, in der übrigen verkehrsoffenen Zeit von 22.00 bis 6.00 Uhr geschlossen

SEHENSWÜRDIGKEITEN
Patrizierhäuser und Heimatmuseum in Splügen; Altstadt, Stadttor Sta. Maria, Schloss, Paradiso-Park und Parco Marmitte dei Giganti in Chiavenna

ANSCHLUSSTOUR
Von Splügen durch das Hinterrheintal nach Thusis und weiter nach Tiefencastel zur Julierpassstraße (Tour 35) oder Albulapassstraße (Tour 34).
Von Chiavenna über die Malojapassstraße (Tour 36)

SERVICESTELLEN
Siehe Tour 33

Durch eine Zedernallee bin ich in Chiavenna eingefahren und stoppe kurz auf einem Parkplatz vor der Brücke San Giovanni, um die malerische südalpine Altstadtfassade über dem steinigen Bachbett der Mera zu betrachten. Als ich den Zündschlüssel wieder ins Schloss stecke, fällt mir ein, dass »chiave« auf Italienisch »Schlüssel« bedeutet, womit wohl die strategisch günstige Lage dieser Stadt am Fuße der Alpenpässe Maloja, Splügen und Septimer ausgedrückt werden sollte. Der Septimerpass ist bereits verfallen und nur noch zu Fuß begehbar, aber ich möchte ohnehin über den Splügen ins schweizerische Hinterrheintal überwechseln.

Durch das dichtbewaldete San-Giacomo-Tal beginne ich auf kurven- und kehrenreicher Strecke die Auffahrt. Viel Verkehr herrscht hier, vor allem in der Gegenrichtung, und mir fallen die vielen Autos mit Surfbrettern auf.

Sie wollen zum Comer See, zu dem der Splügen die kürzeste Verbindung aus dem Rheintal herstellt. Allerdings nicht die schnellste, hier wäre die westlich verlaufende Autobahn über den San Bernardino wohl vorzuziehen. Es muss schon eine mühselige Kurbelei für die Autofahrer sein, denke ich mir, während ich den kurvigen Verlauf voll auskoste. Vor allem die Steilstufe hinter Campodolcino, über die sich die Straße in 20 engen Kehren bis Pianazzo hinaufzieht, ist ein fahrerischer Leckerbissen. Oben ist dann aber Vorsicht angesagt, die Straße wird schmäler, viele Tunnels, teilweise sogar mit Engstellen, die

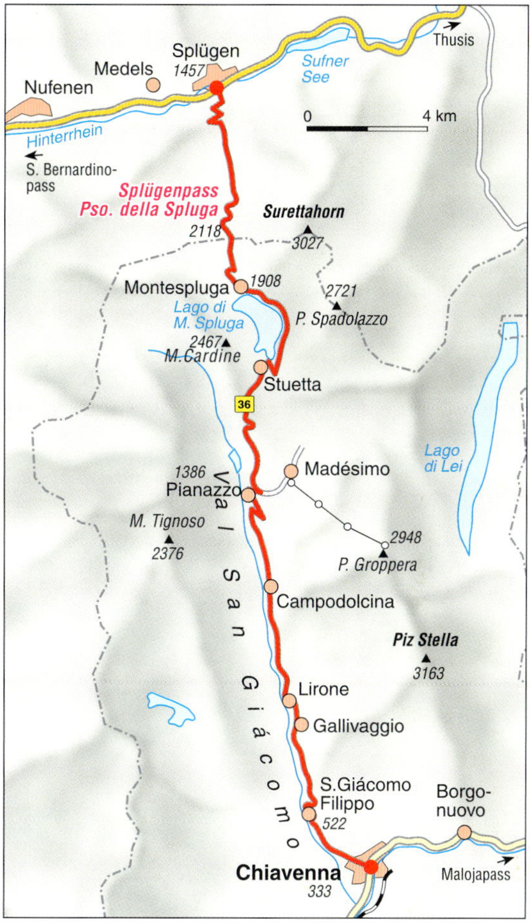

millimetergenaues Rangieren der Pkw's notwendig machen und immer wieder Schlaglöcher und Fahrbahnschäden, die als Teststrecke für jeden Stoßdämpferhersteller herhalten könnten. Am Lago di Monte Spluga bin ich froh, den schlimmsten Abschnitt hinter mir zu haben, und nach der Häusergruppe von Montespluga taucht unvermittelt die Passhöhe mit der Grenzstation auf. Unvorsichtigerweise habe ich meinen Pass ganz unten im Tankrucksack verstaut und muss ihn nun eine Kehre tiefer an der schweizerischen Grenzstation mühsam hervorkramen. Dann aber geht es ungehindert über mehrere Kehrengruppen mit schönen Blicken auf die Berge des Rheinwaldes hinunter nach Splügen, dessen Ortsbild noch heute von den trutzigen Fronten alter, ganz aus Stein gebauter Patrizierhäuser beherrscht wird.

Der Splügenpass ist zwar die kürzeste, nicht aber die schnellste Verbindung vom Rheintal zum Comer See.

38 Alpenpässe in der Schweiz
KLAUSENPASSSTRASSE

KLAUSENPASSSTRASSE

HÖCHSTER PUNKT
1952 m

AUSGANGSPUNKT
Ostseite: Glarus, 472 m
Westseite: Altdorf, 458 m

ANFAHRT
Ostseite: Autobahn-Zürich, Ausfahrt Niederurnen – Glarus
Westseite: St. Gotthard-Autobahn, Ausfahrt Flüelen – Altdorf

STRECKENLÄNGE
64 km

STRASSENVERHÄLTNISSE
Auf der Ostseite zwei kopfsteingepflasterte Kehren und Engstellen durch Tunnels. Sonst gut ausgebaute Straße.
Max. Steigung Ostseite 10%,
Westseite 9%

STRECKENVERLAUF
Glarus – Mitlödi – Schwanden – Nidfurn – Luchsingen – Rüti – Linthal – Gasthaus »Bergli« – Urnerboden – Klausenpass – Posthaus Urigen – Unterschächen – Spiringen – Kinzigpass – Bürglen –Altdorf

PASSÖFFNUNGSZEITEN
15. Mai bis 31. Oktober

SEHENSWÜRDIGKEITEN
Burgkapelle, Suworow-Museum und Kunsthaus in Glarus; Urner Boden; Telldenkmal, Tellskapelle und Tellmuseum in Bürglen; Telldenkmal und Historisches Museum in Altdorf

ANSCHLUSSTOUR
Von Altdorf auf der St.-Gotthard-Route zur St.-Gotthard-Passstraße (Tour 42) oder auf der St.-Gotthard-Route bis Wassen und über die Sustenpassstraße (Tour 41)

SERVICESTELLEN
Honda: Glarus; BMW: Ibach; Kawasaki: Schattdorf, Steinen; Suzuki: Glarus, Altdorf

Entdeckt habe ich ihn beim Studium der Landkarte, als Verbindungsstrecke zwischen dem Kanton Glarus und der Gotthardroute. Klausenpass lautete die Bezeichnung und seine Höhe wurde mit 1952 Metern angegeben. Mit diesen eher spärlichen Informationen mache ich mich auf den Weg in die Innerschweiz und erreiche die Kantonshauptstadt Glarus ziemlich müde nach einer langen Anreise.

Ich überlege, ob ich heute noch weiterfahren soll, und da es erst früher Nachmittag ist, entschließe ich mich zumindest noch eine kleine Erkundungsfahrt zu unternehmen. Auf gut ausgebauter Straße fahre ich in das Linthal ein, das hier noch dicht besiedelt ist. Ich habe eigentlich mit einem einsamen abgelegenen Übergang gerechnet, aber als ich nach kurzer Fahrzeit schon bei der zehnten entgegenkommenden Maschine grüßend die Hand hebe, wird mir klar, dass die Strecke offensichtlich recht beliebt zu sein scheint.

Noch ist das Tal breit, ich durchfahre einige kleinere Ortschaften und treffe bei Linthal auf den Beginn der eigentlichen Passroute. Vor mir bilden die Gletscher des Tödi und Bifertenstocks den Talschluss, während die

Das Wilhelm Tell Denkmal am Hauptplatz von Altdorf

Trasse durch den dichten Mischwald an den Hängen der rechten Talseite über eine teilweise kopfsteingepflasterte Kehrengruppe ansteigt. Beim Gasthof »Bergli« geht der Wald zurück, aussichtsreiche Wiesenflächen tun sich auf und kurzweilig geht es über weitere Kurven und Kehren höher.

Links: Im Urnerboden mit den Gletschern des Claridenstockes

38 *Alpenpässe in der Schweiz*

KLAUSENPASSSTRASSE

Plötzlich die Überraschung, vor mir öffnet sich ein weites Hochtal, das ohne Übertreibung zu den schönsten der Schweiz gerechnet werden kann. Es ist der Urnerboden, ein lang gestrecktes, wildromantisches Tal, das im Norden von den zerklüfteten Kalkfelsen des Jägerstocks und im Süden von den Gletschern des Claridenstocks begrenzt wird. Zwischen grünen, von Bächen durchzogenen Wiesen mit verstreuten Almhütten und riesigen, bemoosten Felsbrocken hält sich die Trasse im Talboden, bis eine riesige

Der Klausenpass von Glarus hinüber zur Gotthardroute ist eine der schönsten Schweizer Passstraßen.

Felswand den Weiterweg zu versperren droht.

Wieder findet die Straße einen Ausweg, weicht über eine Kehrengruppe auf die rechte Talseite aus, mitten hinein in den riesigen Felskessel der Chlus. Fast aus der Vogelperspektive blicke ich von hier nach unten auf den Urnerboden, der auch als eine der größten Almweiden der Schweiz gilt.

Eine letzte Kehrengruppe vorbei an den Almen von Vorfrutt und ich bin auf der Passhöhe, die nach dem Heiligen Nikolaus benannt wurde. Mehr als zwei Dutzend Motorradfahrer zähle ich hier oben trotz der späten Tageszeit. Ich geselle mich zu ihnen und lasse mir die Bergspitzen der Umgebung erklären.

Dann geht es das Schächental abwärts mitten hinein in die Heimat Wilhelm Tells, dieser legendären Symbolgestalt der Schweizer Geschichte. Anfangs erkenne ich noch die Bergketten vom Claridenstock über das Schärhorn bis hin zu den Schweizer Windgällen, dann aber steigt Nebel vom Vierwaldstätter See hoch und versperrt mir die Sicht.

Aber den größten Teil der Abfahrt habe ich bereits überwunden, als ich in Unterschächen auf die nun geradliniger verlaufende Strecke nach Bürglen, dem Heimatort Tells, stoße. Am Dorfplatz erinnert ein Denkmal an ihn und in der Staldengasse steht die Tellskapelle, mit einem Freskenzyklus zur Tellsgeschichte. Im Wattigwiler Turm ist das Tellmuseum untergebracht mit vielen Urkunden, Chroniken und Bildern, aber auch manchen Kuriositäten aus seinem Leben.

Den Apfelschuss, die Tat, die ihn unsterblich gemacht hat, tat er allerdings einige Kilometer weiter in Altdorf am Ende der Passroute in der Einmündung ins breite Reusstal. Dort, auf dem Hauptplatz, betrachte ich dann auch das wohlbekannte Standbild Tells mit der Armbrust in der rechten Hand und seinem Jungen in der linken, bevor ich mir ein Zimmer für die Nacht suche.

Linke Seite: »In der Chlus« wird dieser Felskessel auf der Ostseite des Klausenpasses genannt.

Unten: Das »Hotel Klausen« auf der Passhöhe ist ein beliebter Motorradfahrertreffpunkt.

39 *Alpenpässe in der Schweiz* FURKAPASSSTRASSE

FURKAPASSSTRASSE

HÖCHSTER PUNKT
2436 m

AUSGANGSPUNKT
Ostseite: Andermatt, 1444 m
Westseite: Gletsch, 1759 m

ANFAHRT
Ostseite: St.-Gotthard-Autobahn, Ausfahrt Göschenen – Andermatt
Westseite: St.-Gotthard-Autobahn, Ausfahrt Airolo – Nufenenpass – Ulrichen – Oberwald – Gletsch oder durch das Rhônetal (Wallis) nach Gletsch

STRECKENLÄNGE
31 km

STRASSENVERHÄLTNISSE
Engstellen beim Hotel »Galenstock« und vor Gletsch. Leichtere Belagschäden vor allem im Scheitelbereich. Sonst gut ausgebaute Straße.
Max. Steigung Ostseite 11%,
Westseite 11%

STRECKENVERLAUF
Andermatt – Hospental – Realp – Hotel »Galenstock« – Tiefenbach – Furkapass – Hotel »Belvédère« – Gletsch

PASSÖFFNUNGSZEITEN
1. Juni bis 31. Oktober

SEHENSWÜRDIGKEITEN
Wallfahrtskirche Maria Hilf und Suworow-Haus in Andermatt; Rhônegletscher mit Gletschergrotte gegenüber dem Hotel Belvédère bei der Abfahrt nach Gletsch; Hotel »Glacier du Rhône« aus der »Belle Epoque« in Gletsch und Gletscherlehrpfad bei der Englischen Kapelle hinter dem Hotel

ANSCHLUSSTOUR
Von Andermatt über die St.-Gotthard-Passstraße (Tour 42) oder abwärts bis Wassen und über die Sustenpassstraße (Tour 41). Von Gletsch über die Grimselpassstraße (Tour 40) oder das Rhônetal (Wallis) abwärts und über die Nufenenpassstraße (Tour 43)

SERVICESTELLEN
Siehe Tour 40

Ein Eisbär am Furkapass, das glaubt mir ja nun wirklich keiner. Und doch ist es so. Aber der Reihe nach. Gestartet bin ich in Andermatt und habe mich im breiten Urserental bis Realp auf ebener Straße warmgefahren. Das kommt mir auf den folgenden neun Kehren am Beginn der Passstrecke zugute, die mir nun schöne Blicke auf das Gotthardmassiv und im Rückblick auf die Kehrengruppe, die vom Talkessel zum Oberalppass hinaufzieht, eröffnet. Am Hotel »Galenstock« und der Häusergruppe von Tiefenbach vorbei, lässt die Vegetation nach und im Vorblick kann ich bereits die Passhöhe erkennen. In unwirtlich werdender Umgebung quere ich eine lang gezogene Hangterrasse über dem Garschental und stehe nach einer letzten Kehrengruppe auf der Passhöhe.

Tief unter mir liegt der Talkessel des oberen Rhônetals und deutlich erkenne ich die Kehrengruppe, die daraus zum Grimselpass hochzieht und direkt in den vergletscherten Spitzen und Zacken der Berner Alpen zu

münden scheint. Vorbei am ehrwürdigen Hotel »Furkablick« und dem modernen neuerbauten Café fahre ich nun im Kanton Wallis abwärts, um schon wenig später wieder beim Hotel »Belvédère« abzustoppen.

Gleich auf der anderen Straßenseite reicht die Zunge des Rhônegletschers fast direkt an die Straße, und ich betrete einen Tunnel, der hier gut 100 m tief in die Zunge des Gletschers getrieben wurde. Fast gespenstisch ächzt und knackt es ringsumher und plötzlich steht im Schein schwacher Glühbirnen dieser Eisbär vor mir. Es ist freilich nur ein als Eisbär

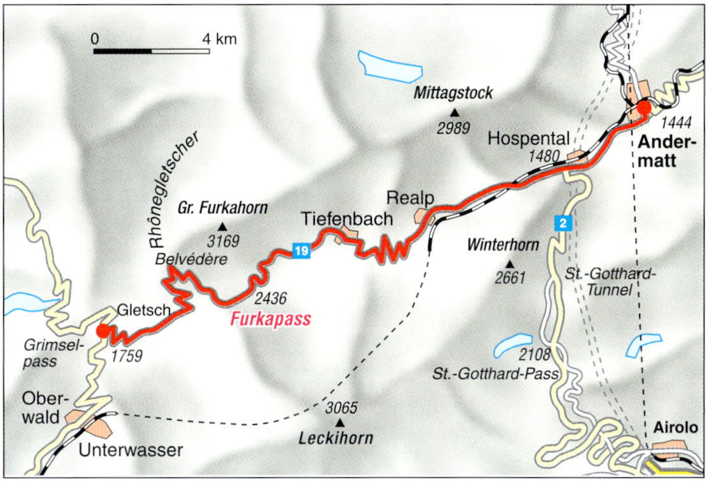

verkleideter Souvenirverkäufer, der hier neben einem Fotografen seine Dienste für ein Erinnerungsbild anbietet. Mit diesem in der Kombi fahre ich weiter auf einer Trasse, die zwar gut ausgebaut, aber doch in gewagter Streckenführung manchmal direkt an die linksseitige Talmoräne geklebt zu sein scheint. Im unteren Teil wird die Straße schlechter, ich quere vorsichtig die Gleise der ehemaligen Furkabahn, einer eingleisigen Zahnrad-Dampfbergbahn, deren Betrieb 1941 eingestellt wurde, die nun aber von und für Dampfbahn-Nostalgiker wieder eröffnet werden soll. Kurz darauf bin ich in Gletsch.

Von diesem Rastplatz auf der Westseite des Furkapasses kann man den Rhônegletscher sogar durch eine Grotte betreten.

Linke Seite: Fast bis an die Straße reicht der Rhônegletscher auf der Westseite des Furkapasses.

40 *Alpenpässe in der Schweiz*
GRIMSELPASSSTRASSE

GRIMSELPASSSTRASSE

HÖCHSTER PUNKT
2165 m

AUSGANGSPUNKT
Nordseite: Innertkirchen, 622 m
Südseite: Gletsch, 1759 m

ANFAHRT
Nordseite: Autobahnverbindung Bern – Luzern, Ausfahrt Brienz – Meiringen – Innertkirchen
Südseite: St.-Gotthard-Autobahn, Ausfahrt Göschenen – Andermatt – Realp – Furkapass – Gletsch oder durch das Rhônetal (Wallis) nach Gletsch

STRECKENLÄNGE
34 km

STRASSENVERHÄLTNISSE
Gut ausgebaute Straße.
Max. Steigung Nordseite 11%, Südseite 9%

STRECKENVERLAUF
Innertkirchen – Guttanen – Hotel »Handeck« – Grimsel Hospiz – Hotel »Alpenrösli« – Grimselpass – Gletsch

PASSÖFFNUNGSZEITEN
15. Juni bis 15. Oktober

SEHENSWÜRDIGKEITEN
Abstecher von Innertkirchen zur Aareschlucht bei Meiringen; Abstecher von der Passhöhe zum Oberaarsee (8 km, halbstündlich wechselnder Einbahnverkehr); Abstecher vom Grimselstausee zum neuen Hospiz; Totensee auf der Passhöhe; Hotel »Glacier du Rhône« aus der »Belle Epoque« in Gletsch und Gletscherlehrpfad bei der Englischen Kapelle

ANSCHLUSSTOUR
Von Innertkirchen über die Sustenpassstraße (Tour 41). Von Gletsch über die Furkapassstraße (Tour 39) oder das Rhônetal (Wallis) abwärts bis Ulrichen und über die Nufenenpassstraße (Tour 43)

SERVICESTELLEN
Honda, BMW: Ibach; Kawasaki, Suzuki: Meiringen

In Gletsch, dem Beginn der Südrampe zum Grimselpass, ist es wert, sich mit dem Hotel »Glacier du Rhône« zu beschäftigen. Es ist ein sechsstöckiger grauer Steinkasten, der sofort ins Auge fällt. Gegründet wurde es zu einer Zeit, als hier nur Postkutschen verkehrten und sich vor allem reiche und abenteuerlustige Engländer daran machten, die Alpen zu erobern. Damals, während der »Belle Epoque«, hatte das Reisen noch Stil und von diesem deutet noch die teilweise original erhaltene Innenausstattung vom Geschirr, den Möbeln, bis hin zu den Tapeten.

Noch weiter in die Vergangenheit zurück kann man allerdings, wenn man dem gleich beim Hotel, bei der Englischen Kapelle, beginnenden Lehrpfad folgt, der auf seltene Alpenpflanzen und gletscherkundliche Phänomene hinweist. Kaum zu glauben, dass der Rhônegletscher noch vor nicht einmal 100 Jahren bis nahe an das Hotel heranreichte und den Talboden dabei fast gänzlich ausfüllte. In seinen besten Tagen reichte der Eisstrom sogar bis nach Lyon in Frankreich. Am Ortsende deutet ein großer weißer Kilometerstein mit der Aufschrift »km 0« den Beginn der Passstrecke an. Sechs Kilometer weiter steht man oben, und was dazwischen liegt möchte ich einmal so beschreiben: »Gas geben, bremsen, Schräglage, Gas geben, bremsen« und dies insgesamt sechsmal, denn so viele Kehren sind von hier bis zur Passhöhe zu bewältigen.

Ich stehe am kleinen Totensee, der seinen makabren Namen angeblich im Jahre 1799 erhielt, da die Gefallenen der Kämpfe zwischen Österreichern und Franzosen hier versenkt worden sein sollen. Die weitere Umgebung ist nicht makaber, im Gegenteil, sie ist eher als grandios zu bezeichnen. Eine gigantische Szenerie aus eisgepanzerten Granitwänden und firngekrönten Gipfeln, von denen sich riesige Gletscherströme herabziehen, um sich in fjordartige, kilometerlange Stauseen zu ergießen.

Die fast 30 Kilometer lange Abfahrt über die Nordrampe hinunter nach Innertkirchen ist deshalb für mich ein fesselndes Erlebnis mit immer neuen Ausblicken. Nicht einmal die zur Nutzung der Wasserkraft errichteten Bauten wie Druckstollen, Turbinenhäuser, Staumauern und Starkstromleitungen vermögen den grandiosen Eindruck nachhaltig stören.

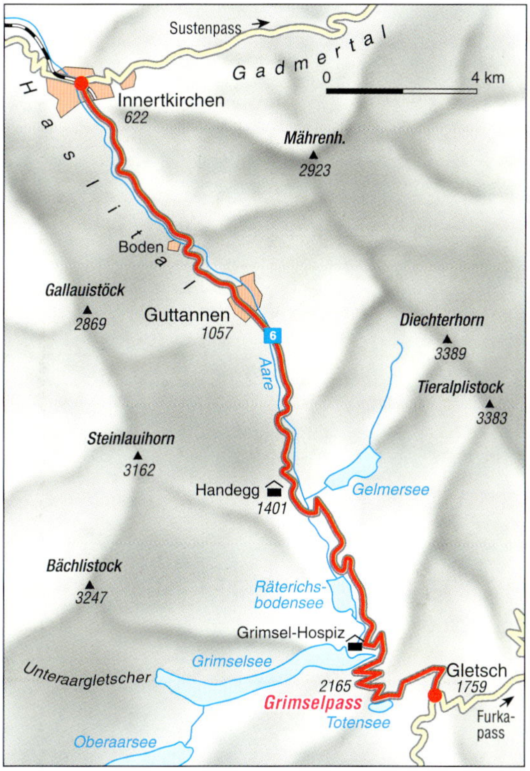

Links: Nur insgesamt sechs Kehren zählt die Südseite des Grimselpasses.

Linke Seite: Eine Welt aus Eis und Granit bildet die Nordseite des Grimselpasses.

41 *Alpenpässe in der Schweiz*
SUSTENPASSSTRASSE

SUSTENPASSSTRASSE

HÖCHSTER PUNKT
2224 m

AUSGANGSPUNKT
Ostseite: Wassen, 916 m
Westseite: Innertkirchen, 622 m

ANFAHRT
Ostseite: St.-Gotthard-Autobahn, Ausfahrt Wassen
Westseite: Autobahnverbindung Bern – Luzern, Ausfahrt Brienz – Meiringen – Innertkirchen

STRECKENLÄNGE
46 km

STRASSENVERHÄLTNISSE
Gut ausgebaute Straße.
Max. Steigung Ostseite 9%, Westseite 9%

STRECKENVERLAUF
Wassen –Meien – Färnigen – Gasthaus »Alpina« –Susten/Kulm – Hotel »Steingletscher« – Gadmen – Nessental – Wiler – Innertkirchen

PASSÖFFNUNGSZEITEN
15. Juni bis 15. Oktober

SEHENSWÜRDIGKEITEN
Kirche St. Gallus in Wassen; Fahrweg vom Hotel »Steingletscher« zum Steinlimigletscher (gebührenpflichtig); Abstecher zwischen Wiler und Nessental zur Engstlenalp-Bergstraße (15 km, mautpflichtig); Abstecher von Innertkirchen zur Aareschlucht bei Meiringen

ANSCHLUSSTOUR
Von Wassen über die St.-Gotthard-Passstraße (Tour 42) oder bei Andermatt über die Furkapassstraße (Tour 39).
Von Innertkirchen über die Grimselpassstraße (Tour 40)

SERVICESTELLEN
Siehe Tour 40

Im Fremdenverkehrsamt von Innertkirchen blättere ich in einem der ausliegenden Prospekte und erfahre dabei, dass die Sustenstraße als eine der modernsten Passstraßen der Alpen gilt. Sie wurde zuwischen 1938 und 1945 erbaut, ist also eine recht »junge« Straße, bei deren Baubeginn die Verkehrsentwicklung bereits vorauszusehen war und darauf entsprechend Rücksicht genommen werden konnte. Konkret bedeutet dies mäßige Steigungen, durchgehend breit ausgebaute Trasse, wenig Kehren und Parkplätze an landschaftlich schönen Stellen. Mit 26 Brücken und 14 Tunnels verläuft sie überwiegend an sonnseitigen Hängen und fügt sich harmonisch in eine beeindruckende Landschaft ein.

Neugierig geworden, verlasse ich Innertkirchen, zwei Kehren eröffnen im Rückblick die Aussicht auf die Engelhörner, die nach Durchfahrung des ersten Tunnels vorläufig verschwinden. Ich sehe sie wieder, als ich bei Mattenloch einen Abstecher zur 1837 Meter hohen Engstlenalp unternehme. Die geringe Mautgebühr wird durch beeindruckende landschaftliche Panoramen auf der fast 15 Kilometer langen Stichstraße bei weitem abgegolten.

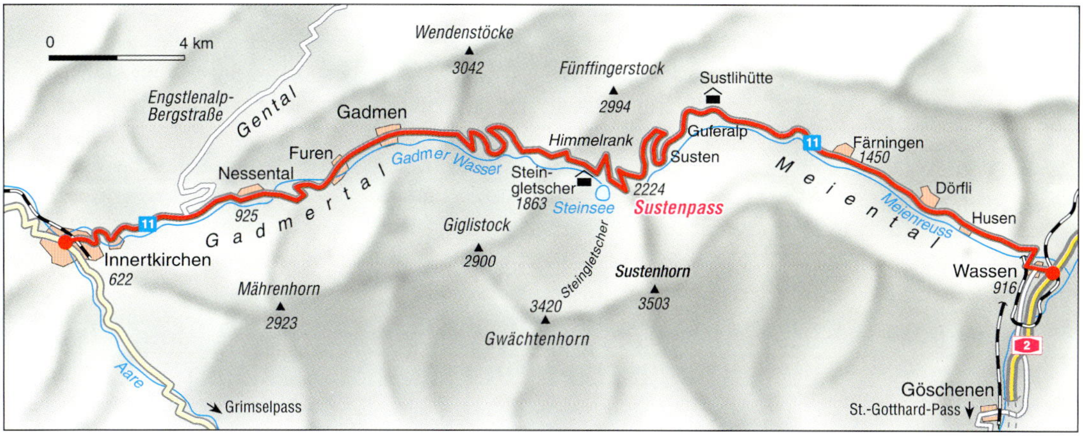

Zurück am Sustenpass fahre ich das Nessental aufwärts nach Obernach, der höchstgelegenen, ständig besiedelten Ortschaft auf dieser Passseite, deren Einwohner bei Lawinengefahr einen Schutzbunker aufsuchen müssen. Eine Kehrengruppe überwindet den Gschletterschlagwald hoch zum Bäregg und weiter in die »Hölle«, wie eine von Wasserbächen durchzogene Zone aus Krüppelföhren und Arven genannt wird. Am Hotel »Steingletscher« drängt sich ein Halt förmlich auf, da die Gipfelschau um den Steingletscher recht beeindruckend ist.

Die Passhöhe wird durch einen 325 m langen Tunnel unterfahren, an dessen Ende vor allem das Sustenhorn aus der Alpinszenerie herausragt. Dass diese Berge auch ein anderes Gesicht haben können, zeigt sich auf der Abfahrt, wo ein Felssturz Teile der alten Straße zerstört hat und eine Umgehungstraße gebaut werden musste. Jetzt sind beide Straßen wieder benutzbar und ich ziehe die neue Trasse vor, sie ist kehrenreicher.

Urige Holzhäuser bei Gadmen

Linke Seite: Die Sustenpassstraße gilt als eine der modernsten Passstraßen der Alpen.

42 *Alpenpässe in der Schweiz*
ST.-GOTTHARD-PASSSTRASSE

ST.-GOTTHARD-PASSSTRASSE

HÖCHSTER PUNKT
2108 m

AUSGANGSPUNKT
Nordseite: Amsteg, 519 m
Südseite: Airolo, 1175 m

ANFAHRT
Nordseite: St. Gotthard-Autobahn, Ausfahrt Amsteg
Südseite: St.-Gotthard-Autobahn, Ausfahrt Airolo

STRECKENLÄNGE
48 km

STRASSENVERHÄLTNISSE
Die Nordseite ist gut ausgebaut. Auf der alten Passstraße auf der Südseite durch das Val Tremola 24 enge, teilweise kopfsteingepflasterte Kehren. Bei Nässe und schlechten Wetterverhältnissen sollte diese Strecke gemieden werden und die neue gut ausgebaute Umgehungsstraße benutzt werden.
Max. Steigung Nordseite 10%, Südseite 10%

STRECKENVERLAUF
Amsteg – Wassen – Göschenen – Restaurant »Teufelsbrücke« – Andermatt – Hospental – Restaurant »Mätteli« – St.-Gotthard-Pass – Airolo

PASSÖFFNUNGSZEITEN
15. Mai bis 15. November. Die alte St.-Gotthard-Passstraße durch das Val Tremola wird bei schlechten Wetterbedingungen gesperrt. Der St.-Gotthard-Straßentunnel ist ganzjährig befahrbar. Es besteht keine Maut- aber Vignettenpflicht.

SEHENSWÜRDIGKEITEN
Kirche St. Gallus in Wassen; Schönenenschlucht bei Göschenen; Teufelsbrücke; Suworow-Denkmal beim Parkplatz Teufelsbrücke; »Urner Loch« (gilt als erster Felstunnel der Alpen aus den Jahren 1707–08); Wallfahrtskirche Maria Hilf und Suworow-Haus in Andermatt; Museum zur Passgeschichte in der »Alten Sust« auf der Passhöhe; Festung Airolo (geführte Besichtigung)

ANSCHLUSSTOUR
Von Airolo über die Nufenenpassstraße (Tour 43)

SERVICESTELLEN
Honda, Yamaha: Bellinzona; BMW: Ibach, Giubiasco; Kawasaki, Suzuki: Meiringen

Hätte ich doch besser auf den freundlichen Guzzifahrer gehört, mit dem ich vor einer halben Stunde auf einem Rastplatz am Vierwaldstätter See ins Gespräch gekommen bin. Als er hörte, dass ich über den St.-Gotthard-Pass nach Bellinzona wollte, wies er mich, der vielen Polizeikontrollen wegen, eindringlich auf die Einhaltung der Verkehrsbestimmungen auf dieser Strecke hin. Prompt gerate ich hinter Amsteg, in der Schöllenenschlucht, in eine Radarkontrolle und werde von einem Verkehrspolizisten an den Straßenrand gewunken.

Die breite, gut ausgebaute Route mit ihrer eher gemäßigten Steigung war aber auch zu verlockend, einmal stark am Gasgriff zu drehen. Dabei war die Schöllenenschlucht lange Zeit ein schier unüberwindliches Hindernis auf diesem Weg durch das Tal der Reuss. Erst um das Jahr 1200 gelang es mittels Holzkonstruktionen, die mit Ketten an den Felswänden befestigt wurden, diese Schlucht begehbar zu machen. Der Fluss wurde dabei durch eine Brücke überquert, bei deren Bau der Sage nach der Teufel seine Hand im Spiel gehabt haben soll. Als Lohn versprach man ihm die erste le-

bende Seele, die die Brücke überqueren sollte. Die schlauen Bürger schickten eine Ziege über die Brücke und prellten so den Teufel um seinen Lohn.

Ich kann mich nicht aus meiner misslichen Lage schwindeln und muss eine saftige Geldbuße berappen, bevor ich weiterfahren darf. Die nunmehr langsame Fahrweise hat auch ihre Vorteile, ich erkenne am Fels eine rote Zeichnung, die etwas abstrakt den Teufel und eine Ziege darstellen, und an die Sage erinnern soll. Auch die Brücke selbst kann ich von einem Parkplatz am Straßenrand aus gut erkennen.

Nach Durchfahrung eines kurzen Felstunnels, der »Urner Loch« genannt wird, liegt die enge Schlucht hinter mir und vor mir öffnet sich das weite Hochtal von Andermatt. Weni-

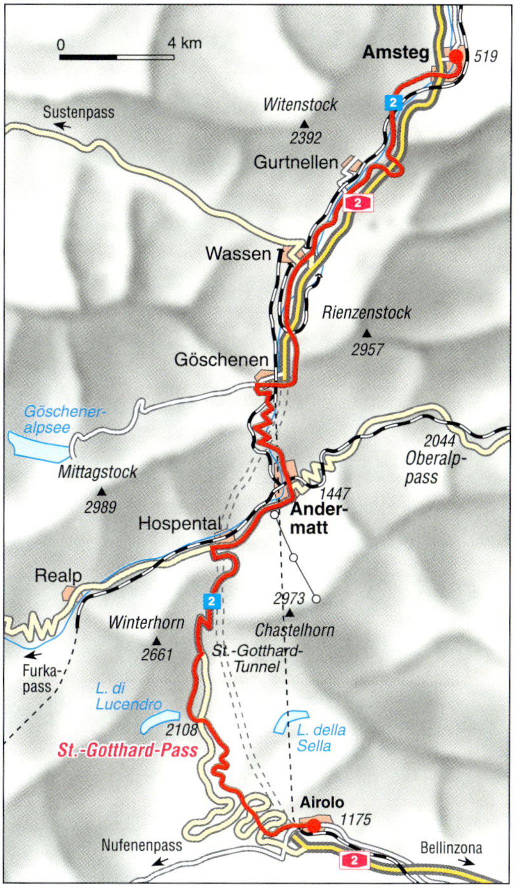

Links: Die Kehren durch das Val Tremola, das »Tal des Zitterns«, galten vor allem wegen der Lawinengefahr lange als gefährlichste Passstraße der Alpen.

Linke Seite: Von Andermatt im breiten Urseren Tal sind es noch etwa 13 km bis zur Passhöhe.

ge Kilometer weiter, in Hospental, laufen nicht nur drei Passstrecken zusammen – neben dem St. Gotthard noch Furka und Oberalp, auch vier Flüsse entspringen in der Umgebung, nämlich Rhein, Rhône, Reuss und Ticino, die durch unterschiedliche Sprach- und Kulturräume verschiedenen Meeren zufließen. Über eine weite Kehre fahre ich in das öde Hochtal der Gotthardreuss ein und gewinne über lang gezogene Kurven an den gestrüpp-überwucherten Hängen der rechten Talseite rasch an Höhe.

Bald stehe ich auf der Passhöhe und parke meine Maschine vor den historischen Gebäuden des ehemaligen Hospizes, die Anfang der siebziger Jahre gründlich renoviert wurden. In der »Alten Sust« ist ein Museum zur Passgeschichte untergebracht und dort erfahre ich, dass der St.-Gotthard-Pass indirekt für die Entstehung der Schweiz verantwortlich ist.

Als der Pass begehbar gemacht war, sicherten sich die Habsburger die mit dem Handel verbundene lohnende Einnahmequelle. Damit waren die früheren reichsfreien Talschaften, die Kantone Uri, Schwyz und Unterwalden nicht einverstanden. Sie schlossen sich also 1291 zu einem Bund gegen die Habsburger zusammen, aus dem sich

Dieser Felsrutsch im Val Tremola verdeutlicht die Gefahren dieser Passstrecke.

die heutige Eidgenossenschaft entwickelte. Außerdem erfahre ich, dass die Südrampe durch das Val Tremola, das »Tal des Zitterns«, hinunter nach Airolo, lange als eine der gefährlichsten und gefürchtesten Passstraßen der Alpen galt. Die Gefahr ging allerdings in erster Linie von den Lawinen aus, denen das Gelände fast schutzlos ausgesetzt ist. Jetzt im Hochsommer und bei guten Wetterverhältnissen habe ich keine Probleme mit den 24 teils engen, kopfsteingepflasterten Haarnadelkehren, die 1830 für den Postkutschenverkehr gebaut wurden. Bei Nebel oder schlechter Sicht würde ich diese Trasse allerdings nicht empfehlen, statt dessen die gut ausgebaute neue Straße hinunter nach Airolo vorziehen.

Als Touristenattraktion verkehrt diese historische Postkutsche manchmal auf der alten Gotthardstraße durch das Val Tremola.

43 Alpenpässe in der Schweiz
NUFENENPASSSTRASSE

NUFENENPASSSTRASSE

HÖCHSTER PUNKT
2478 m

AUSGANGSPUNKT
Ostseite: Airolo, 1175 m
Westseite: Ulrichen, 1346 m

ANFAHRT
Ostseite: St.-Gotthard-Autobahn, Ausfahrt Airolo
Westseite: Entweder durch das Rhônetal (Wallis) nach Ulrichen oder über Grimselpass (Tour 40) oder Furkapass (Tour 39) nach Gletsch und weiter nach Ulrichen

STRECKENLÄNGE
39 km

STRASSENVERHÄLTNISSE
Von leichteren Belagschäden im Scheitelbereich abgesehen, gut ausgebaute Straße. Max. Steigung Ostseite 10%, Westseite 10%

STRECKENVERLAUF
Airolo – Fontana – Ossasco – All'Acqua – Nufenenpass – Ulrichen

PASSÖFFNUNGSZEITEN
1. Juli bis 31. Oktober

SEHENSWÜRDIGKEITEN
Festung Airolo (geführte Besichtigung) in Airolo; Ortsbild von Ulrichen mit alten Walliser Holzhäusern

ANSCHLUSSTOUR
Von Airolo über die St.-Gotthard-Passstraße (Tour 42). Von Ulrichen das Rhônetal (Wallis) entweder aufwärts nach Gletsch und über die Grimselpassstraße (Tour 40) oder die Furkapassstraße (Tour 39), oder über die Große-St.-Bernhard-Passstraße (Tour 44)

In Airolo suche ich den Weg zum Nufenenpass und kann die Hinweisschilder nicht gleich finden. Es ist ein lebhafter Ort, der vor allem als südlicher Endpunkt der Route über den St.-Gotthard-Pass bekannt und entsprechend stark frequentiert ist. Fast alles strebt hier dann auch von Nord nach Süd oder in umgekehrter Richtung über den Gotthard oder durch den Straßentunnel unter diesem hindurch.

Nur ich will nach Westen, um über den Nufenenpass auf schnellstem Wege vom Tessin ins Wallis zu kommen. Endlich finde ich das Hinweisschild und fahre in das Val Bedretto ein. Wenn sich Bedretto vom lateinischen »bedra« für Birke ableitet, müsste man hier eigentlich welche sehen, denke ich. Vielleicht gab es sie auch früher, jetzt aber wirken die Berghänge ringsum aufgrund rücksichtsloser Abholzung im vorigen Jahrhundert eher kahl. An einigen Stellen erkenne ich neue Aufforstungen und starke Lawinenverbauungen, die die Ortschaften hier im Winter schützen sollen. Der

scheint sich hier im übrigen recht lange hinzuziehen, denn schneefrei und befahrbar ist der Übergang nur in einem kurzen Zeitraum zwischen Juli und Oktober.

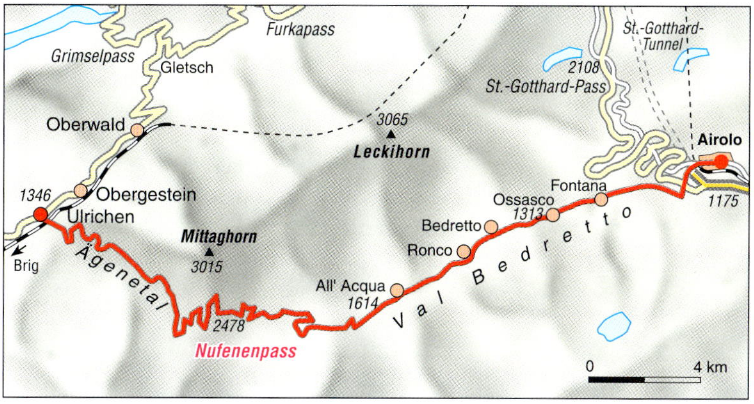

Recht geradlinig und ohne viel Abwechslung geht es taleinwärts, auf einer für die schwache Verkehrsbedeutung recht guten Fahrbahn. Die erinnert mich manchmal an eine Rollbahn, denn in kürzeren Abständen wurden die Dehnungsfugen des Belags mit Teer ausgegossen und sorgen so immer wieder für einen kleinen Stoß. Vor der Cantina di Cruina, zwei mit Schieferplatten gedeckten Steinhütten, unterbrechen zwei Kehren den geradlinigen Verlauf und erst im oberen Teil sorgen weitere Kehren für Fahrspaß. Dann stehe ich auf der Passhöhe, parke neben dem Restaurant und schaue hinüber zu den Eisriesen der Berner Alpen. So gefesselt bin ich von diesem Anblick, dass mir gar nicht bewusst wird, dass ich soeben den höchsten Innerschweizer Pass bezwungen habe.

Fahrerisch bietet die Abfahrt über die Westseite viel mehr als die Auffahrt. Kurven- und kehrenreich senkt sie sich auch mit stärkerem Gefälle ins Wallis hinab, das ich bei Ulrichen, erreiche.

Schön geschwungene Kehren auf der Südseite des Grimselpasses

Links: 13 km Abfahrt mit Gefälle bis 10% und 13 Kehren sind es von der Passhöhe hinunter nach Ulrichen.

44 *Alpenpässe in der Schweiz*
GROSSER-ST.-BERNHARD-PASSSTRASSE

GROSSER-ST.-BERNHARD-PASS

HÖCHSTER PUNKT
2473 m

AUSGANGSPUNKT
Nordseite: Martigny, 471 m
Südseite: Aosta, 583 m

ANFAHRT
Nordseite: Rhôhnetal-Autobahn, Ausfahrt Martigny
Südseite: Autobahn Turin-Aosta, Ausfahrt Aosta

STRECKENLÄNGE
75 km

STRASSENVERHÄLTNISSE
Mit Ausnahme der alten Passstraße zwischen den beiden Tunnelportalen, hier erhebliche Belagschäden, gut ausgebaute Straße. Die Nordseite ist im weiteren Bereich teilweise zur Schnellstraße ausgebaut. Max. Steigung Nordseite 11%, Südseite 10%

STRECKENVERLAUF
Martigny – Sembrancher- La Duay – Fontaine – Pessons – Rive-Haute – Liddes – Bourg St. Pierre – Ausfahrt Super-St. Bernhard – Großer-St.-Bernhard-Pass – Saint-Rhémy – Cerisey – Saint Oyen – Étroubles – Echevennoz – Gignod – Signayes – Aosta

PASSÖFFNUNGSZEITEN
Tunnelstraße ganzjährig befahrbar. Die alte Passstraße ist nur vom 1. Juni bis 15. Oktober befahrbar. Die Tunnelbenutzung ist kostenpflichtig.

MAUT
13,20 CHF (8,15 €) für für die einfache Fahrt, 17,80 CHF (11 €) für Hin- und Rückfahrt; bei Bezahlung auf der italienischen Seite wird eine 20%ige MwSt. erhoben.

SEHENSWÜRDIGKEITEN
Museum Fondation Pierre Ginadda mit Funden aus der Römerzeit; Kunstausstellungen und Automobilmuseum in Martigny; Hospiz auf der Passhöhe mit Museum und Bernhardinerzucht; Augustus-Triumphbogen, römisches Theater und römisches Forum

ANSCHLUSSTOUR
Von Martigny das Rhônetal (Wallis) aufwärts bis Ulrichen und über die Nufenenpassstraße (Tour 43) oder weiter nach Gletsch zur Furkapassstraße (Tour 39).

Vor mir sind schon eine ganze Reihe berühmter Leute über den Großen-St.-Bernhard-Pass, der das schweizerische Wallis mit dem italienischen Aostatal verbindet, gezogen. Die bekanntesten waren wohl Karl der Große, nach seiner Krönung zum Kaiser in Rom, und Napoleon, der damals schon Kaiser war, dafür aber rund 45 000 Soldaten, 5000 Pferde und 60 schwere Geschütze mit sich führte, um die Österreicher in der Schlacht von Marengo zu besiegen. Auch Cäsars Legionen waren im Verlauf der gallischen Eroberungskriege hier und legten dabei den Grundstein für ein ehemaliges Garnisonsstädtchen, aus dem das heutige Martigny erwuchs.

1976 wurden bei Bauarbeiten hier die Reste eines römischen Tempels entdeckt, um den ein modernes Museumsgebäude, die »Fondation Pierre Gianadda«, errichtet wurde. Ich suche es selbstverständlich auf, wobei

mein Interesse aber in erster Linie dem angeschlossenen Automobilmuseum gilt, mit Raritäten aus der Zeit zwischen 1897 und 1939, darunter klangvollen Namen wie Rolls-Royce, Alfa Romeo, Bugatti und Daimler-Benz.

Der heutigen Verkehrsbedeutung angemessen, ist es fast eine Schnellstraße, auf der ich die Stadt nach Süden ins Val d'Entremont verlasse. Wenig Kurven, kaum Kehren und auch die Steigung hält sich in Grenzen. Erst hinter Orsières erinnert das ganze wieder an eine Passstraße, wobei nunmehr aber Tunnels und Galerien dominieren. Fast hätte ich die Ausfahrt zur alten Passstraße übersehen

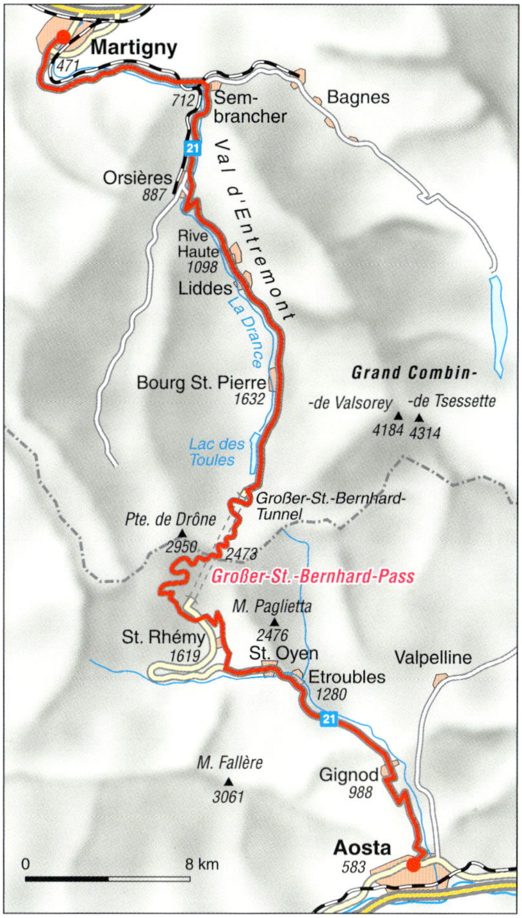

und wäre im 5828 m langen mautpflichtigen Scheiteltunnel gelandet. Ich hätte die Strecke zwar wesentlich abgekürzt, dafür aber das Hospiz auf der Passhöhe versäumt. Benannt ist es nach dem hl. Bernhard, genau wie die schon legendären Bernhardiner Hunde, die in früheren Zeiten nach Wetterstürzen verirrte oder nach Lawinenabgängen verschüttete Reisende retteten, und hier oben noch gezüchtet werden.

Auf der Südseite geht es anfangs über enge Kehren durch das Valle-del-Gran-San-Bernardo abwärts zum südlichen Tunnelportal, wo die Straße wieder breiter wird. Allerdings nimmt auch der Verkehr zu und auf den letzten Kilometern der Abfahrt fahre ich vorsichtig an einer langen Schlange von Autos vorbei, die sich zur Einfahrt nach Aosta bis hier oben hin gestaut haben.

Bourg St. Pierre ist die größte Ortschaft auf der Nordseite des Großen-St.-Bernhard-Passes.

Alpenpässe in Frankreich

45 Alpenpässe in Frankreich
KLEINER-ST.-BERNHARD-PASSSTRASSE

KLEINER-ST.-BERNHARD-PASSSTRASSE

HÖCHSTER PUNKT
2188 m

AUSGANGSPUNKT
Nordseite: Pré-St-Didier, 100 m
Südseite: Séez, 904 m

ANFAHRT
Nordseite: Über den Großen-St.-Bernhard-Pass nach Aosta (Tour 44) und weiter über St Pierre – Morgex nach Pré-St-Didier oder von Martigny über Forclazpass – Montetspass – Chamonix – Mont-Blanc-Tunnel – Courmayeur nach Pré-St-Didier
Südseite: Autobahn Albertville – Moutiers – Aime – Bour-St-Maurice – Séez

STRECKENLÄNGE
51 km

STRASSENVERHÄLTNISSE
Von leichteren Belagschäden im Scheitelbereich abgesehen, gut ausgebaute Straße. Kurvenreicher Verlauf.
Max. Steigung Nordseite 9%, Südseite 9%

STRECKENVERLAUF
Pré-St-Didier – La Thuile – Bar »Pesca alla Trota« – Bar »Petit St-Bernhard« – Kleiner-St.-Bernhard-Pass – La Rosière – Villard – Séez

PASSÖFFNUNGSZEITEN
15. Juni bis 31. Oktober

SEHENSWÜRDIGKEITEN
Botanischer Garten beim verfallenen Hospiz und Denkmal des hl. Bernhard auf der Passhöhe

ANSCHLUSSTOUR
Von Pré-St-Didier zu Tour 44 bzw. 46

SERVICESTELLEN
Honda: Torino; Yamaha: Sion, Gap; Kawasaki: Torino, Gap; Suzuki: Charvensod

Vorhergehende Doppelseite: Im obersten Teil auf der Nordseite des Iseranpasses

Bin ich froh, Aosta den Rücken kehren zu können. Dabei liegt die Stadt in landschaftlich schöner Lage zu Füßen des Gran-Paradiso-Nationalparks und ist reich an Sehenswürdigkeiten von der Römerzeit bis ins Mittelalter. Aber der Verkehr überschreitet jedes erträgliche Maß, selbst für mich als Großstädter, der hier einiges gewöhnt ist. Auch hinter der Stadtgrenze lässt er nicht nach, wo sich auf der Hauptverbindungsstrecke zwischen dem Großen-St.-Bernhard-Tunnel und dem Mont-Blanc-Tunnel offensichtlich der gesamte Schwerlastverkehr zwischen Frankreich, Italien und der Schweiz bewegt.

In Pré-St-Didier bin ich froh, diesen hinter mir lassen zu können, und bei der Auffahrt zum Kleinen-St.-Bernhad-Pass mich wieder ganz aufs Motorradfahren konzentrieren zu können. Kurven vom Feinsten, wenig Verkehr, die Straße gut und die Landschaft mit Ausblicken auf das Montblanc-Massiv prächtig.

Vorzüglich auch das Mittagessen, das ich mir im kleinen Restaurant »Pesca alla Trotta«, etwa auf halber Höhe der Auffahrt, schmecken lasse und bei einheimischen Motorradfahrern vor allem wegen seiner Fischgerichte beliebt ist. Danach wird die Umgebung hochgebirgig und vorbei an einigen verfallenen Steinhütten treffe ich erst auf der Passhöhe wieder auf bewohnte Gebäude. Wäre ich einige Jahre früher gekommen, hätte man mich mit einer guten Brotzeit empfangen. Von dem Hospiz hier oben erzählt man sich, dass allen dort vorbeikommenden armen Wanderern zwei Gläser Wein und ein halbes Pfund Brot ausgehändigt wurden. Noch um die Jahrhundertwende, als Tausende von Italienern auf der Suche nach Arbeit über den Pass zogen, wurden sie verköstigt, beherbergt und mit einer Wegzehrung ausgestattet.

Heute ist das Hospiz verfallen und nur eine überlebensgroße Statue auf einer riesigen, von Römern errichteten Steinsäule, erinnert an den hl. Bernhard von Aosta, dem Gründer des Hospizes. Bei der Abfahrt scheinen die Kurven und Kehren nicht enden zu wollen, bis ich bei Séez im Tal der Isère wieder ebenen Boden unter die Räder bekomme.

Oben: Das Restaurant »Pesca alla Trota« auf der Nordseite ist, wie der Name schon sagt, auf Fischgerichte spezialisiert.

Linke Seite: Noch bis Ende des 19. Jahrhunderts wurden in diesem Hospiz auf der Kleinen-St.-Bernhard-Passhöhe arme Wanderer mit Wein und Brot verköstigt.

46 *Alpenpässe in Frankreich*
ISERANPASSSTRASSE

ISERANPASSSTRASSE

HÖCHSTER PUNKT
2770 m

AUSGANGSPUNKT
Nordseite: Séez, 904 m
Südseite: Lanslebourg, 1399 m

ANFAHRT
Nordseite: Über den Kleinen-St.-Bernhard-Pass nach Séez (Tour 45)
Südseite: Autobahn Turin – Frankreich, Ausfahrt Susa – Mont-Cenis-Pass – Lanslebourg

STRECKENLÄNGE
80 km

STRASSENVERHÄLTNISSE
Im unteren Teil der Nordseite gut ausgebaute Straße. Vor Val d'Isère unbeleuchtete Tunnels mit teilweise erheblichen Schlaglöchern. Dann schmäler werdende, kurvenreiche Straße mit Belagschäden. Max. Steigung Nordseite 12%, Südseite 11%

STRECKENVERLAUF
Séez – Sainte-Foy-Tarentaise – Villaret-du-Nial – La Réculaz – Val d'Isère – Pont-St-Charles – Iseranpass – Tralenta – Village – Bonneral-sur-Arc – Bessans – Madeleinepass – Lanslevillard – Les Champs – Lanslebourg

PASSÖFFNUNGSZEITEN
1. Juli bis 30. September

SEHENSWÜRDIGKEITEN
Aussichtspunkt »Belvédère de la Tarentaise« bei der Auffahrt kurz unterhalb und »Bélvèdere de la Maurienne« bei der Abfahrt kurz unterhalb der Passhöhe; Fresken und Wandgemälde der Kapelle St. Antoine in Bessans; Kapelle St. Sébastien in Lanslevillard

ANSCHLUSSTOUR
Von Séez über die Kleiner-St.-Bernhard-Passstraße (Tour 45).
Von Lanslebourg das Arctal aufwärts bis St-Michele-de-Maurienne zur Télégraphe- und Galibier-Pässestraße (Tour 47)

SERVICESTELLEN
Honda, Suzuki: Torino; Yamaha: Gap; BMW: Torino, Grenoble; Kawasaki: Torino, Gap

Séez ist eines jener kleinen französischen Gebirgsdörfer, dessen Zustand romantisch veranlagte Naturen wohl als »malerisch« beschreiben würden. Rationaler veranlagte Typen wie ich, sehen es eher als Verkehrsknotenpunkt am Schnittpunkt zweier Passstraßen, nämlich dem Kleinen St. Bernhard und dem Iseranpass an, dessen Name auf den sechsten Meilenstein der hier ehemals verlaufenden Konsularstraße Mailand – Lyon zurückgeht.

Ich möchte auf den Iseranpass, der mit 2770 Metern ganz schön hoch und genaugenommen sogar der zweithöchste für den öffentlichen Verkehr befahrbare Alpenpass überhaupt ist. So etwas gebietet natürlich Respekt und eine gute Konstitution, die ich mir bei einer kräftigen Mahlzeit holen will. Die Speisekarte des Restaurants quillt nur so über von Speck, Schinken und hausgemachter Wurst, aber ich wähle ein traditionelles Gemüsegericht, »Gratin savoyard« genannt. Es besteht aus feingeschnittenen, in Bouillon und geriebenem Käse im Ofen gebackenen Kartoffeln und einem Beaufort als Nachtisch, einem der besten Käsesorten Savoyens, vergleichbar mit dem Schweizer Emmentaler, nur fast ohne Löcher.

Nun kann es losgehen, und auf anfangs breiter, gut ausgebauter Straße fahre ich das Isèretal aufwärts. Hinter Ste-Foy-Tarentaise, dessen graue, mit Schieferplatten bedeckte Steinhäuser sich um eine kleine Kirche scharen, wird die Straße schmäler. Ein schluchtartiger Abschnitt, tief ziehen sich die Hängegletscher des Mont Pourri nach unten, dann weitet sich das Tal wieder und vor mir liegt der Lac de Chevril, ein gut 11 Quadratkilometer großer Stausee.

Kräftig durchgeschüttelt von einigen tiefen Schlaglöchern, die vorwiegend in den unbeleuchteten Tunnels anzutreffen sind, erreiche ich Val d'Isère, das ich gleich wieder verlasse. Eine reine Retortensiedlung zur Unterbringung möglichst vieler Urlauber auf engstem Raum. Es folgt der schönste und kurvenreichste Abschnitt zur Passhöhe, den ich nur beim »Belvédère de la Tarentaise« mit seinem Panoramarundblick unterbreche.

Wenig später stehe ich auf der Passhöhe und bitte einen Touristen, ein Erinnerungsfoto von mir vor der steinernen Passtafel mit der Höhenangabe zu machen. Sonst hält mich nicht viel hier oben, besonders beeindruckend ist weder die Passhöhe noch die Umgebung. Keine Schutzhütte, kein Restaurant, nur eine steinerne Kapelle und ein Bonbonverkäufer mit einem transportablen Holzstand. Es ist kühl hier oben und zugig, und so drängt es mich zur Weiterfahrt. Ein letzter Rundblick auf die Umgebung mit den Dreitausendern des Vanoise-Nationalparks und den grauen, schroffen Felsgestalten des Gran-Paradiso-Nationalparks, dann konzentriere ich mich auf die kurvenreiche Abfahrt hinunter nach Bonneval-sur-Arc, der ersten bewohnten Siedlung nach der Passhöhe.

Hier oben zeigt sich das Tal noch in urwüchsiger Schönheit, kahle Berghänge stehen in Kontrast zu den grünen Wiesen im Talboden, und die Siedlungen, die ich durchfahre, sind noch typische Bergdörfer mit grauen, alten Steinhäusern, die dieselbe Farbe haben wie die Felsen ringsum. Hier ist die Zeit zwar nicht stehengeblieben, aber sie vergeht langsamer, und vom Stress und der Hektik des modernen Zeitalters ist hier oben noch wenig zu spüren.

Hier endet auch die eigentliche Passstrecke, und etwas später in Lanslebourg ist alles

Die Iseranpasshöhe, wenngleich zweithöchste Passstraße der Alpen, bietet wenig Sehenswertes.

Linke Seite: Die 33 km lange Südseite des Iseranpasses hat zwar nur sechs Kehren, dafür aber viele Kurven.

schon wieder Vergangenheit. Der Mont-Cenis-Pass mündet ein und mit ihm der Schwerlastverkehr von Turin nach Grenoble, der sich mit der Einmündung des Frejus-Tunnels nochmals verstärkt. Ich mache das einzig Richtige, fahre zurück nach Bonneval-sur-Arc und verbringe auf dem Zeltplatz, den ich nur mit wenigen anderen Touristen teilen muss, eine ruhige Nacht unter sternenklarem Himmel.

47 Alpenpässe in Frankreich
GALIBIERPASSSTRASSE

GALIBIER-PASSSTRASSE

HÖCHSTER PUNKT
2646 m

AUSGANGSPUNKT
Nordseite: St-Michel-de-Maurienne, 712 m
Südseite: Lautaretpasshöhe, 2058 m

ANFAHRT
Nordseite: Über Iseranpassstraße (Tour 46) – Modane nach St-Michel-de-Maurienne oder Autobahn Turin – Susa – Frejustunnel – Modane nach St-Michel-de-Maurienne
Südseite: Grenoble – Vizille – La Grave – Lautaretpass oder Briançon – Lautaretpass

STRECKENLÄNGE
45 km

STRASSENVERHÄLTNISSE
Am Télégraphepass gut ausgebaute Straße. Am Galibierpass streckenweise erhebliche Belagschäden. Télégraphepass max. Steigung Nordseite 9%, Südseite 9%; Galibierpass max. Steigung Nordseite 12%, Südseite 10%

STRECKENVERLAUF
St-Michel-De-Maurienne – Les Seignéres – Télégraphepass – Valloire – Les Verneys – Bar Plan Lachat – Galibierpass – Chalet Galibier Süd – Lautaretpass

PASSÖFFNUNGSZEITEN
Télégraphepass ganzjährig befahrbar. Galibierpass 15. Juni bis 15. Oktober

SEHENSWÜRDIGKEITEN
Denkmal Henri Desgranges (Erfinder der Tour de France) am Parkplatz vor dem Chalet Galibier Süd bei der Abfahrt; Botanischer Garten am Lautaretpass

ANSCHLUSSTOUR
Von St-Michel-de-Maurienne das Arctal aufwärts nach Lanslebourg zur Iseranpassstraße (Tour 46). Von der Lautaretpasshöhe nach Briançon zur Izoard- und Vars-Pässestraße (Tour 48)

SERVICESTELLEN
Siehe Tour 46; Suzuki: Gap

Das gibt es doch nicht, denke ich, als ich nun schon das zweite Mal durch St-Michel-de-Maurienne gefahren bin und nirgends die Beschilderung zum Galibierpass entdecken kann. Ich versuche es noch ein drittes Mal, ohne Erfolg, und frage dann entnervt an einer Tankstelle am Ortsanfang nach dem Weg. Kein Problem, wird mir dort freundlich geholfen, ich müsse einfach den Hinweisen zum Télégraphepass folgen.

Diese habe ich auf meinen Stadtrundfahrten schon mehrfach gesehen und verlasse nun über die Rue de Télégraphe den kleinen Ort im Arctal. 14 genussvoll zu fahrende Kehren bringen mich auf breit ausgebauter Straße zu einem aussichtslosen, dicht bewaldeten Sattel, der mit einer Höhe von 1600 Meter die Télégraphe-Passhöhe markiert. Seinen Namen hat er von einem alten Fort in den Wäldern, etwas oberhalb der Passhöhe, das ich bei der Auffahrt einige Male kurz zu sehen bekam.

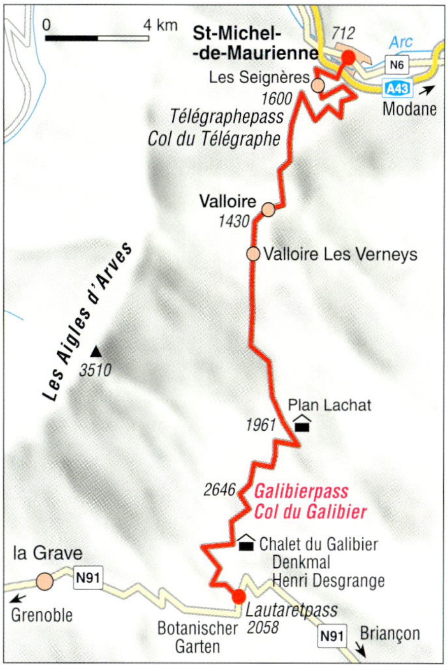

Es geht mal wieder abwärts, und mit Valloire, einem kleinen Ferienort im Tal der Valloirette, erreiche ich den eigentlichen Ausgangspunkt zum Galibierpass.

Die Weiterfahrt hält bald, was man sich von einer der höchsten Passstraßen der Alpen erwarten darf: anfangs noch karge Weiden, dann Geröllfelder mit Schneeresten auch noch im Hochsommer, die von den Berghängen der Umgebung herabziehen. Lediglich der anfangs recht geradlinige Straßenverlauf ist etwas ungewöhnlich, aber hinter den Hütten von »Plan Lachat« ändert sich auch dies. Über Kurven und Kehren geht es auf einer Trasse, die die natürlichen Gegebenheiten des alpinen Geländes meisterhaft ausnützt, höher, bis zum Nordportal des nach einer Grundsanierung im Jahr 2002 wieder eröffneten Scheiteltunnels. Aber ich ziehe der 363 m langen, einspurigen Röhre die vier Kehren des Gipfelhangs zum 100 Höhenmeter weiter oben gelegenen Scheitelpunkt vor. Dort erwartet mich ein grandioser Anblick. Vor mir liegt die Pelvouxgruppe, eine Bastion aus Granit und Eis, mit mächtigen Wänden, messerscharfen Graten und spitzen Nadeln, durchzogen von gewaltigen Hängegletschern.

Nur 9 Kilometer sind es hinunter zum Lautaretpass, dessen Passhöhe recht ungewöhnlich eigentlich, den Endpunkt der Galibierpassstraße bildet.

Den obersten Teil des Galibierpasses könnte man sich durch den wieder eröffneten Gipfeltunnel ersparen.

48 *Alpenpässe in Frankreich*
IZOARD- UND VARS-PÄSSSETRASSE

IZOARD- UND VARS-PASS-STRASSE

HÖCHSTER PUNKT 2360 m

AUSGANGSPUNKT
Nordseite: Briançon, 1321 m
Südseite: Gleizolles, 1307 m

ANFAHRT
Nordseite: Autobahn – Turin, Ausfahrt Montgenèvre Montgenèvrepass – Briançon
Südseite: Cuneo – Borgo S. Dalmazzo – Maddalenapass – Gleizolles

STRECKENLÄNGE 88 km

STRASSENVERHÄLTNISSE
Am Izoardpass kurvenreiche Straße mit teilweise erheblichen Belagschäden im Scheitelbereich. Varspass von leichten Belagschäden im Scheitelbereich abgesehen, gut ausgebaute Straße.
Izoardpass max. Steigung Nordseite 12%, Südseite 12%, Varspass max. Steigung Nordseite 12%, Südseite 10%

STRECKENVERLAU
Briançon – Fontchristianne – Cervières – Le Lans – Refuge Napoléon – Izoardpass – Brunissard – La Chalp – Arvieux – Le Veyer – Le Cristillan – Guillestre – Vars/St-Marcellin – Sainte-Marie – Les Claux – Refuge Napoléon – Varspass – St-Paul-sur-Ubaye – Gleizolles

PASSÖFFNUNGSZEITEN
Izoardpass 15. Juni bis 15. Oktober.
Varspass ganzjährig befahrbar

SEHENSWÜRDIGKEITEN
Porte Pignerol (nördliches Stadttor), Maison Jean Prat in der Grand Rue Nr. 37 mit Renaissancefassade, Zitadelle (Reste der alten Befestigungsanlagen) in Briançon; »Casse Déserte«, Geröllwüste kurz nach der Passhöhe; »Demoiselle Coiffées«, Erdpyramiden auf halber Strecke der Abfahrt vom Izoardpass; Kleiner Bergzoo auf der Varspasshöhe

ANSCHLUSSTOUR
Von Briançon auf die Lautaret-Passhöhe zur Galibierpassstraße (Tour 47)
Von Gleizolles nach Jausiers zur Restefond-/Bonette-Passstraße (Tour 49)

SERVICESTELLEN
Honda: Torino; Yamaha: Briançon; BMW: Torino, Grenoble; Kawasaki: Torino, Gap; Suzuki: Torino, Gap

In Briançon habe ich die älteste Festungsanlage besichtigt, die noch aus der Zeit Ludwigs des XIV., des Sonnenkönigs, stammt, der diese hier zwischen 1639 und 1722 vom Festungsbaumeister Vauban anlegen ließ. Dann habe ich die Stadt in südwestlicher Richtung mit der Auffahrt zum Izoardpass verlassen und bin am linken Talrand einer gewaltigen Schlucht in den Weiler Cervières gelangt. Vorbei an den Steinhütten von Le Lans folgte ich den schöngeschwungenen Serpentinen durch lichten Lärchenwald und konnte beim Refuge Napoléon bereits die letzte Kehrengruppe hinauf zum Scheitelpunkt erkennen.

Die Überraschung bietet sich dann kurz nach der Passhöhe. Ich befinde mich inmitten eines riesigen Geröllteppichs, der von den Berghängen links und rechts herabzieht und aus dem bizarr geformte, von den Erosionen freigelegte Felsklötze fast gespenstisch herausragen. Nur einigen anspruchslosen Lärchenbäumen mag es in der sonst völlig vegetationslosen Umgebung gelingen, den Eindruck einer Mondlandschaft etwas zu mildern. Es ist ein Landschaftsbild wie es im gesamten Alpenraum in dieser Form einmalig ist, und es erscheint unmöglich, davon nicht gefesselt zu sein. Knapp 2 Kilometer lang ist dieser Abschnitt, dann folge ich den Windungen und Kehren der Trasse, die ins Guiltal abfällt. Ich folge einem Flüss-

chen, das bald in einer Schlucht verschwindet und sich in einem Bett aus weißem Schotter, mit grünen und rosa Marmorblöcken durchsetzt, seinen Weg sucht. Ich überwinde eine enge Klamm über mehrere Brücken, Tunnels und in den Fels gesprengten Hangvorbauten, berühre die Kleinstadt Guillestre nur am Rand und beginne die Auffahrt zum Varspass auf gut ausgebauter Straße.

Hier erwarten mich keine unwillkommenen Überraschungen. Der gute Ausbauzustand der Strecke gestattet ein rasches Vorwärtskommen, und bald ist auch schon die Passhöhe erreicht. Auf der Abfahrt ins Ubayetal erfordert dann doch noch ein Naturereignis einen Halt: »Demoiselle Coiffées«, versteinerte Feen, werden die grotesken Gebilde aus Moränenschutt am Straßenrand genannt, wie sie sonst nur noch im Hérémencetal im Wallis oder in Südtirol am Ritten anzutreffen sind.

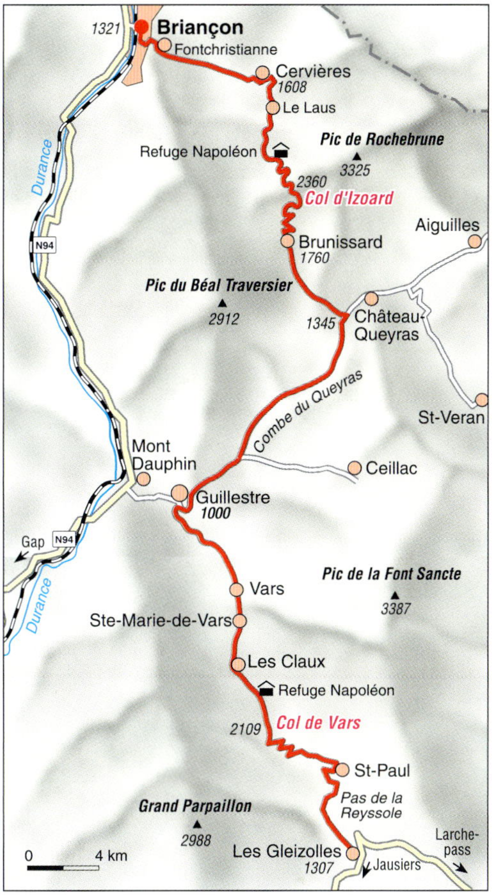

Oben: An diesem Felsklotz auf der Südseite des Izoardpasses wurde zwei Radsportheroen, Fausto Coppi und Louison Bobet, ein Denkmal gesetzt.
Links: Auf der Südseite des Varspasses

49 Alpenpässe in Italien
RESTEFOND- UND BONETTE-PASSSTRASSE

RESTEFOND- UND BONETTE-PASSSTRASSE

HÖCHSTER PUNKT
2802 m

AUSGANGSPUNKT
Nordseite: Jausiers, 1220 m
Südseite: St-Etienne-de-Tinée, 1144 m

ANFAHRT
Nordseite: Über Izoard- und Vars-Pässestraßen nach Jausiers (Tour 48) oder Turin – Cuneo – Borgo S. Dalmazzo – Larchepass – Jausiers
Südseite: Nizza – Plan-du-Var – St-Sauvuer-sur-Tinée – Isola – St-Etienne-de-Tinée

STRECKENLÄNGE
51 km

STRASSENVERHÄLTNISSE
Auf der Nordseite auf den ersten 7 km gut ausgebaute Straße, dann kurvenreiche, teils schmale Straße mit Belagschäden. Max. Steigung Nordseite 12%, Südseite 12%, Auffahrt Bonettepass 15%

STRECKENVERLAUF
Jausiers – Le Villard – Bar Halte 2000 – Bonettepass – Bonsièyas – St-Etienne-de-Tinée

PASSÖFFNUNGSZEITEN
15. Juni bis 31. September

SEHENSWÜRDIGKEITEN
Verfallene Kasernenanlagen von Restefond bei der Auffahrt; Kurzer Aufstieg (1/4 Std.) von der Passhöhe zur Cime de la Bonette mit Panoramatafel

ANSCHLUSSTOUR
Von Jausiers nach Gleizolles zur Izoard- und Vars-Pässestraße (Tour 48).

SERVICESTELLEN
Honda, Yamaha, BMW, Kawasaki, Suzuki: Nice (Nizza)

Es ist schon später Nachmittag als ich in Jausiers, einem kleinen Ferienort im Tal des Ubaye, ankomme und mir ein Zimmer für die Nacht suchen will. Morgen möchte ich über den Restefond-/Bonettepass nach Nizza weiterfahren. Als ich an der Abzweigung zum Pass am Ortsrand vorbeifahre, sehe ich eine Gruppe von vier holländischen Motorradfahrern, die gerade Richtung Pass abbiegen. Ich blicke auf die Uhr, schon nach vier, eigentlich viel zu spät, um noch eine Auffahrt zu unternehmen. Schließlich handelt es sich hier nicht um irgendeine Passstrecke, sondern mit einer Höhe von 2802 Metern immerhin um die höchste Passstraße der Alpen. Trotzdem ist meine Neugier geweckt, und ich beschließe der Gruppe nachzufahren, umkehren kann ich ja noch immer und außerdem ist es in der Provence im Hochsommer lange hell.

Sicherheitshalber werfe ich noch einen Blick auf die Karte, 24 Kilometer und gut 1400 Höhenmeter sind es von hier bis zum Gipfelpunkt, auf der Abfahrt nach St-Etienne-de-Tinnée sind es nochmals 27 Kilometer und gut 1500 Höhenmeter diesmal in anderer Richtung. Auf der Abfahrtsseite erkenne ich mit Bonsiéyas nur eine eingezeichnete Ortschaft, von der ich

nicht weiß, ob es dort Übernachtungs- und Einkehrmöglichkeiten gibt, trotzdem gebe ich Gas und beginne die Auffahrt. Auf den ersten Kilometern bin ich etwas überrascht, die Straße präsentiert sich breit und gut ausgebaut, fast als Schnellstraße. Wenn es so weitergeht, bin ich in einer halben Stunde oben, denke ich, und meine Nervosität schwindet.

Aber schon nach etwa 7 Kilometern wird die Straße merklich schmäler und auch schlechter. Fahrbahnunebenheiten und Frostschäden treten auf, recht steil zieht die Trasse an und ständige Kurven und Kehren verlangen volle Konzentration. Aber schnell kann man hier ohnehin nicht fahren, und auch in der Umgebung ist nichts, das einen ablenken könnte. Die Hänge und Mulden ringsum, durch die sich die Straße in endlosen Windungen ihren Weg sucht, sind kahl, kaum Vegetation, kaum Fels, nur dunkles Erdreich und schattige Geröllhänge.

Nirgendwo auch ein Schneefleck oder gar ein Gletscher, wie ich es von den österreichischen oder Schweizer Alpenpässen in dieser Höhe gewöhnt bin. Beim »Chalet Halte 2000«, einer einsamen Steinhütte neben der Straße, habe ich fast die Hälfte der Auffahrtstrecke hinter mir. Immer öder und karger wird die Umgebung, Kuppeln, Schalten, Bremsen und Gasgeben sind die einzigen Tätigkeiten die mich ausfüllen, da taucht plötzlich wie aus dem nichts eine Gruppe von Steinhütten vor mir auf. Es sind die längst verfallenen Überreste ehemaliger Militärunterkünfte aus dem vorigen Jahrhundert, als Kaiser Napoleon III. diese Trasse aus militärischen Gründen anlegen ließ und ihr den Namen »Route Imperiale« gab. Nicht mehr weit, und ich stehe auf dem Einschnitt eines Berggrates. Es ist der Restefondpass in 2678 Metern Höhe. Ein Schild zeigt an, dass die hier rechts weiterführende Straße in einer Schleife um den Bergkegel der Cime de la Bonette herumführt, um dann wieder hier einzumünden. Ich folge der höherführenden Straße und stehe nach einem Kilometer an ihrem höchsten Punkt. Vor einer Felsnadel, die zu Ehren der Straßenbauer hier errichtet wurde, sehe ich die geparkten Motorräder der Holländer. Die Besitzer erkenne ich als kleine Punkte gut 60 Höhenmeter oberhalb auf der Spitze der Cime de la Bonette.

Auch ich wandere noch dort hinauf, treffe auf halber Höhe die Holländer beim Abstieg und unterhalte mich noch etwas mit ihnen. Als die Sonne schon hinter den Bergketten im Westen untergeht, mache ich mich an den Abstieg und erreiche mit dem letzten Licht des Tages St-Etienne-de-Tinée.

Dieser »Hinkelstein« zeigt den höchsten für den öffentlichen Verkehr befahrbaren Punkt der Alpen in 2802 m Höhe am Bonettepass an.

Linke Seite: Eine karge, unspektakuläre Landschaft finden wir am Restefond-/Bonettepass, dem man seine Höhenlage von fast Dreitausend Metern nicht ansieht.

50 Alpenpässe in Frankreich
TURINIPASSSTRASSE

TURINIPASSSTRASSE

HÖCHSTER PUNKT
1605 m

AUSGANGSPUNKT
Nordseite: Kreuzung der D2565 und D70 vor Roquebillière im Vésubietal, 503 m
Südseite: Menton, 16 m

ANFAHRT
Nordseite: Vom Restefond-/Bonettepass (Tour 49) kommend durch das Vésubietal Richtung Nizza, hinter St-Sauvuer-sur-Tinée Abzweigung zum St-Martin-Pass und weiter über St-Martin-Vesubie und Roquebillière zum Turinipass
Südseite: Autobahn – Mailand – Genua – San Remo – Ventimiglia – Menton

STRECKENLÄNGE
63 km

STRASSENVERHÄLTNISSE
Gut ausgebaute Straße. Kurvenreicher Verlauf.
Max. Steigung Nordseite 10%, Südseite 10%

STRECKENVERLAUF
Abzweigung D 2565/D 70 – La Bollène/Vèsubie – Turinipass – Moulinet – Sospel – Auberge Provençale – Castillonpass – Castillon – Monti – Menton

PASSÖFFNUNGSZEITEN
Ganzjährig befahrbar

SEHENSWÜRDIGKEITEN
Abstecher von der Passhöhe auf der D 68 zu den Aussichtspunkten von L'Anthion und Pointe des Tres communes (2082 m) mit Aussicht über den Mercatour-Nationalpark

ANSCHLUSSTOUR
Das Vésubietal abwärts bis zum Einmündung in das Tinéetal und dieses aufwärts bis St-Etienne-de-Tinée zur Restefond-/Bonette-Passstraße (Tour 49)

SERVICESTELLEN
Honda, BMW, Kawasaki, Suzuki: Nice (Nizza); Yamaha: Menton, Nice (Nizza)

Tief unten in den französischen Seealpen, wo diese schon mit ihren letzten Ausläufern im Mittelmeer zu versinken scheinen, liegt nochmals ein Pass, der mein Interesse geweckt hat: der Turinipass. Mit seiner Höhe von 1607 Metern nimmt er sich eher bescheiden aus, dennoch hat sein Name einigen Klang in der Fachwelt. Es ist das letzte Teilstück der Rallye Monte Carlo und gilt dort gleichsam als Scharfrichter, der über Sieg und Niederlage entscheidet. Jedem Motorsportinteressierten ist wohl das Blitzlichtgewitter aus den Fernsehübertragungen in Erinnerung, wenn die PS-Boliden nachts auf meist schnee- und eisbedeckter Fahrbahn auf der Jagd nach Sekundenbruchteilen über die Passhöhe driften. Jetzt ist es Tag und Hochsommer, als ich in der französischen Grenzstadt Menton der Beschilderung »Sospel« folgend, unter den Pfeilern der Autobahn hindurch, in ein mit üppiger Vegetation bewachsenes Tal einfahre. Kurvenreich zieht die Straße nach oben, und hin und wieder eröffnet sich der Blick zurück auf die Dächer von Menton und das Mittelmeer. Mit dem Viadukt von Caramel überfahre ich ein Relikt aus der Römerzeit und nach einem kurzen, unbeleuchteten Felstunnel, stehe ich plötzlich auf der Castillon-Passhöhe.

Auf guter, zweispurig ausgebauter Straße rolle ich hinunter in den Talkessel von Sospel. Rasch finde ich in dem malerischen Ort die Beschilde-

rung »Moulinet/Col de Turini« und folge ihr ins Tal der Bévera. Anfangs hält sich die Trasse noch eben, dann werden Tal und Straße schmäler und die Steigung nimmt auf recht angenehme 8% zu. Dicht drängen die Felswände der Pianonschlucht an die Fahrbahn, und in zahllosen Kurven windet sich die Straße hinauf nach Moulinet. Weiter geht es in einem einzigen Gekurve und Geschlängel durch die dichten, aussichtslosen Wälder des Turiniforstes, der zu den schönsten Wäldern der Südalpen zählt. Ein Schild »8 Lacet« (8 Kehren), dann bin ich oben und halte kurz vor dem Passschild. Auf der Abfahrt braucht es nicht viel Fantasie, um sich vorzustellen, wie während der Rallye Monte Carlo die Rennwagen hier hochjagen. Es braucht allerdings auch nicht viel Fantasie, was passiert, wenn man hier die Kontrolle über sein Gefährt verliert, und so gehe ich die Abfahrt vorsichtig an.

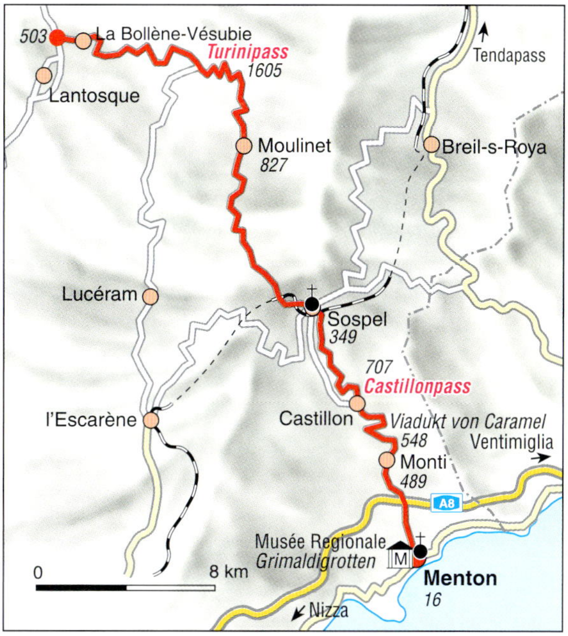

Die Turinipassstraße ist letztes Teilstück der Rallye Monte Carlo. Welche fahrerischen Ansprüche dort gestellt werden, zeigt diese Kehrengruppe.

Nachfolgende Doppelseite: Die Kasernenanlagen von Restefond am Schlussanstieg zur Restefond-/Bonette-Passhöhe stammen noch aus der Zeit Kaiser Napoleons III.

Register

Impressum

Produktmanagement: Sabine Klingan
Lektorat: Astrid Därr
Layout: Werner Poll, Putzbrunn
Repro: Scanner Service s. r. l.
Kartografie: Achim Norweg, München
Herstellung: Thomas Fischer
Printed in Italy by Printer Trento S.r.l.

Alle Angaben dieses Werkes wurden vom Autor sorgfältig recherchiert und auf den aktuellen Stand gebracht sowie vom Verlag geprüft. Für die Richtigkeit der Angaben kann jedoch keine Haftung übernommen werden. Für Hinweise und Anregungen sind wir jederzeit dankbar.
Bitte richten Sie diese an:
J. Berg Verlag
Produktmanagement
Postfach 40 02 09
D-80702München
E-Mail: lektorat@j-berg-verlag.de

Bildnachweis:
Titelbild (U. Böhringer): Im Scheitelbereich der Timmelsjochstraße wird eine äußerst karge Felslandschaft durchfahren.
Umschlagrückseite: Unterwegs auf der Gosauseen-Bergstraße
H. Arndt: S. 2 oben, S. 27, 93, 95 unten, 101, 102
H. Bauregger: S. 65
D. Fuchs: S. 7
F. Klose: S. 95
I. Kürschner: S. 99
H.E. Studt: S. 16, 20/21, 114, 121. 124/125
R. Tandler: S. 12/13

Alle Fotos im Innenteil und auf dem Umschlag stammen vom Autor.

Deutsche Nationalbibliothek – CIP-Einheitsaufnahme
Ein Titeldatensatz für diese Publikation ist bei der Deutschen Nationalbibliothek erhältlich.

Neu bearbeitete Ausgabe

ISBN 978-3-7658-4260-3